# 花咲く日を楽しみに

子育ての悩みが消える32の答え

佐々木正美

Como子育てBOOKS
主婦の友社

# 花咲く日を楽しみに

子育ての悩みが消える32の答え

［もくじ］

## Part 1

# 子育てはムズカシイ

愛情を“伝わるかたち”で届けていますか？

Part 2

# 気になる個性

## 短所に見えるところに長所があります

Part 3

# 発達障害の周辺で

## その子のままで幸せになれるように

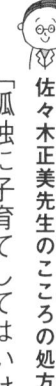



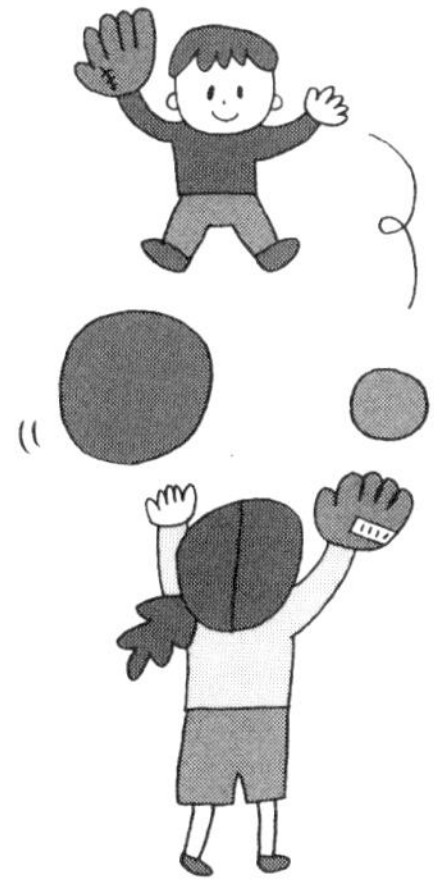

## Part 4

# 友だちの中で育つ

どんな子とでも自由にたくさん遊ばせましょう

# Part 5 上の子の気持ち

上の子を十分に甘えさせていますか？

## Part 6 家族で子育て

夫や祖父母の愛情をいかせる人になりましょう



## Part 7 私が苦しい

ママが幸福であることが子どもの幸福なのです

構成　神素子
装丁・デザイン　西野直樹
イラスト　matsu（マツモトナオコ）
編集担当　近藤祥子（主婦の友社）

**Prologue** プロローグ

# 子どもに寄り添うということは

親の仕事とは
そんなに難しいことではありません。
普段している当たり前のことを
わが子に合わせて
ていねいに、大切に。
それが子育ての時間を
幸せなものにするのです。

子どもに
寄り添うと
いうことは

# 聞く

苦もなく子育てしているように見える人は
子どもの話をよく聞いているものです。
人は誰でもそうですが
自分の言うことを聞いてくれた人の
言うことを、よく聞くものだからです。

私が精神科医としての訓練を受けているころ、指導医がよく言いました。「患者さんの話をちゃんと聞けるようになったら、ほぼ一人前ですよ」と。

そのとおりだといまでも思います。患者さんに有益なことを伝えるよりも、患者さんが何を言いたいのか聞くほうが難しいのです。そして患者さんの言葉を聞けない医者が「ああしなさい、こうしちゃダメ」と言ったところで、患者さんには届かないのです。親子に限らず、人間関係は、多くの場合そのようなものではないでしょうか。

子どもが話しかけてきたら聞いてあげてください。長時間でなくてもいいし、家事をしながらでもいい。イライラせず、穏やかに、うなずいて聞いてあげるのです。それだけで愛情が伝わります。

また、お母さんから「今日の晩ごはんは何がいい？」「おやつは何がいい？」と、聞いてあげてください。ぜいたくさせろというのではないし、「今日は材料がなくて作れない」という日もあっていい。親に希望をかなえてもらえることが大事なのです。それを積み重ねるうちに、親の言葉も聞いてもらえるようになるものです。

子どもに
寄り添うと
いうことは

# 話す

親の思いのようなものを
子どもに伝えるときには
〝量〟に注意が必要です。
正しいことは多すぎず
適量を考えて話すことです。

子どもの話はどれだけ聞いてあげてもいいのですが、親の思いを話すことは、極力控えめにするのがいいですね。多すぎると薬と同じで、副作用が出てしまうのです。

親というものは、わが子に「こうしてはいけない」「こうするといい」ということを言いたくなるものです。〝正しいこと〟を教えたくなるのですね。

親の思いを子どもに伝えることは、けっして悪いことではありません。でも、あまり言いすぎるとそれは「いまのあなたではいけない」「私はもっといい子を望んでいる」というメッセージとなって子どもに届き、自信を失わせてしまうのです。正しいことは、小出しがいいと思います。

意欲的に動こうとしない子、自分に自信がない子、欲求不満がたまっている子の親は、こまかいことから大きなことまで、日々あれこれ子どもに伝えていることが多いものです。そして自分は言いたいだけ言って、子どもの話をあまり聞いていないものです。聞くのは、どれだけ聞いてもいい。けれど、話すのは極力少なめに。そう心にとどめておくといいですね。

子どもに寄り添うということは

# 見る

子どもを見るということは
見守るということです。
表情と、その奥にある心を見るのです。
その子にしかない輝きを
毎日見ている親が見つけるのです。

見るということは、見守るということです。はいはいやよちよち歩きを始めた赤ちゃんは、少しずつお母さんのそばを離れて探索行動を始めます。少し観察するとわかるのですが、ひとりで勝手に行ってしまっても、その先で何か不安を感じると必ず振り返るのです。そのとき、親（やそれにかかわる人）が「いいよ」という顔をするとまた前に進み、「ダメよ」という顔をするとその先には進みません。このような行動を「ソーシャル・リファレンシング（社会的参照）」といいます。社会のルールや規律を他者から学ぶ力です。精神医学者のロバート・エムディの研究で、非行や犯罪に走る子の多くが、乳幼児期に、親やそれにかかわる人の見守りがなかったことがわかっています。

それほどまでに、親のまなざしは大切なのです。子どもを見てあげてください。見張るのではなく、見守るのです。子どもの表情やしぐさから、何を感じているかを読みとってください。そしてその子にしかないかわいらしさ、得意なこと、大好きなもの、そういうものを見つけてください。そんなまなざしで子どもを見てあげられる人は、親だけだと思うのです。

# 笑いかける

子どもに
寄り添うと
いうことは

子どもに笑顔を見せてください。
「あなたがこの世に生まれてくれて
私は本当に幸せなのだ」と
伝えるのは言葉より笑顔です。
それが子どもを幸福にするのです。

多くの人は、子どもをもったことを幸福に思っています。でも、その思いを子どもに日々伝えている人はあまりいないようです。

I'm happy to see you.（あなたに会えて幸せです）

欧米の人はこんな言葉をさらりと口にしますが、日本人はなかなか言えません。言えなくてもいいんです。お母さんが笑顔でいてくれれば、子どもは「お母さんはぼくといっしょにいると幸せなのだ」と理解できます。

よく「人の気持ちを考えろ」と言う人がいますが、他者の悲しみや苦しみを理解できる人になるためには、まず誰かと十分に喜びを分かち合う経験が必要です。それができて初めて、今度は悲しみや苦しみといった、マイナスの感情も分かち合えるようになります。笑顔が子どもの情緒を豊かに育てるのです。

たくさんの人に、笑いかけてもらってください。たくさん喜ばせてもらってください。楽しさを分かち合う経験が多ければ多いほど、その子は幸せな子に育っていくはずです。それでも、お母さんの笑顔ほど、子どもを喜ばせるものはないということも、どうぞ忘れないでください。

# 触れ合う

子どもに
寄り添うと
いうことは

抱っこしたり、おんぶしたり、
手をつないだり、抱きしめたり。
何才になってもやっていいんですよ。
体だけでなく心でも抱きしめてください。
愛していることを伝えるために。

子どもが小さいときほど、たくさん抱きしめたり、ひざに乗せたり、手をつないであげたりしてください。私の子どもが幼いころ、ひざの上には必ず誰かがいました。何をするでもない、ただ、ひざの上に座ってテレビを見るんですね。

お母さんが家事などで忙しいときには、なかなか抱っこもできないものです。そんなときには「お母さんの足につかまってなさい」「洋服につかまってなさい」でもいいんです。それで落ち着くのだと思います。

泣いてわめいて興奮しているときには、ぎゅっと抱きしめてあげてください。暴れられないように、しっかりと抱きしめるのです。そして「ママの大事な◯◯ちゃんだからね。ママの大好きな◯◯ちゃんだからね」と繰り返し言ってあげるのです。心がおさまるまで抱きしめてあげるのです。

思春期になってもう触れ合うことが少なくなったら、子どもの言葉に耳を傾けてあげてください。それは「あなたを心から大事に思っている」というメッセージになりますし、子どもの心を抱きしめることになります。

ぬくもりを伝えることは、愛情を伝えることなのです。

子どもに
寄り添うと
いうことは

# 待つ

待つことは、信じることです。
わが子の〝いま〟にどんな不安があっても
必ずいい子に育つと信じて待つのです。
待ってもらって育った子は
本当の意味で自立できる子に育ちます。

何かを育てることの上手な人は、待つ力のある人です。そして「待つ」ということは、「信じる」ということと同じ意味です。

子どもというものは、土にまみれた球根のようなものですね。どんな花が咲くのかはわからない。けれど、きっと美しい花が咲く。それがいつかはわからなくても、信じて、日に当て、水をやり、ときには少し肥料を与える。大輪の花か、小さいけれど強い花か、わからないけれどきっと咲くと信じて、辛抱強く見守っていける人こそ、子育ての上手な人です。

子どもは、待ってもらっている時間の中で「自律心」を育てます。自律とは、自分のことを自分で決める力です。親にあれこれ口を出されていると、ゆっくり考えることができなくなるのです。十分に熟した野菜がおいしいように、待ってもらうことで自律した大人に育つのです。

大切に育てた花が咲いたとき、その喜びはいかばかりかと思います。けれど、そのとき気がつくのです。本当に幸せだったのは、「どんな花が咲くのだろう」と思いながら待つ時間だったということに。

Part 1

# 子育てはムズカシイ

## 愛情を“伝わるかたち”で届けていますか？

年齢を考えても
ほかのきょうだいと比べても
「扱いにくいなぁ」と思うとき

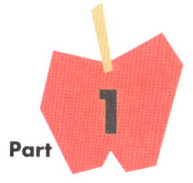

わがまま

感情コントロール

Q1

# がまんできない娘に疲れています

［4才女の子の母］

娘は自己主張の強いタイプです。1～2才の反抗期のころから要求が通らないと大声で泣くことが多く、「泣いて勝つタイプ」とよくおばあちゃんに言われます。最近は多少落ち着いてきましたが、先日もバス停でバスを待っている間に「お腹すいた」を連呼。「もうすぐだからがまんしなさい」と言っても聞く耳もたず大騒ぎする、という状態でした。

どんなに急いでいるときでも、上のボタンまできちんと留めないと気がすまないなど、自分で「こうしたい」と思うと絶対にゆずらないことも困りものです。そのたびにいちいちバトルになり、感情表現が激しいので親も疲れてしまうのです。この子にどのようにしてがまんする力をつけたらいいのでしょう。

ただ、保育園ではけっこう優等生タイプ。親（とくに母親）の前でだけわがままなのが気になります。

## A がまんする力がないのではなく、ママにしてほしいことがたくさんあるのです

自主性があり、自己主張のはっきりしたタイプのお子さんなのですね。こういう子は、豊かな想像力や自主性をもった頼もしい大人になります。この個性を上手に伸ばしてあげることが、お母さんのお仕事だと思いますよ。

「がまんする力をつけたい」と書かれていますが、この子は十分がまんする力をもっています。「保育園では優等生」と書いていらっしゃる。人前では感情をコントロールして身を処すことができているということです。何も心配はいりません。

けれど、いつも親の前で泣いて自己主張することは、やめさせてあげたいものです。この子だって本当は、泣きたくなんてないのです。泣かないと聞き入れてもらえないから泣いているのです。

日ごろから、「親にしてほしいこと」をたっぷりしてもらっている子は、こういうかたちでの自己主張はしないものです。とくに外で泣いたり叫んだりする子は、見知らぬ群衆を味方につけようとしているところがあります。

なんとしてでもお母さんに言うことを聞いてほしいので、ここぞとばかりに大声を出すのです。

日常の生活の中で、子どもがしてほしいことを十分にしてあげているかどうかを、一度見直してあげてください。抱っこしてほしいと言ったら、「ひとりで歩けるでしょう?」なんて言わずに抱っこしてあげているでしょうか。眠れないときには、「早く寝なさい」なんて言わずにゆっくり添い寝してあげているでしょうか。好きな食べ物を用意してあげたり、お風呂でたくさん水遊びをしてあげたり、読んでほしい絵本を読んであげているでしょうか。

そういうことをゆっくり笑顔でしてあげる時間が増えれば増えるほど、親の前でもいい子になります。お腹がすいていても叫ぶことは少なくなるでしょう。急いでいるときは、多少協力してくれるようになります。

## 子どもの言うことをよく聞いてあげると言うことを聞く子になります

このお子さんはきっと、「保育園でならがまんするけど、ママの前でまでがまんしたくないの!」と主張しているんですね。かわいいですね。

お子さんが「お腹がすいた」と言うなら、あめ玉でもビスケットでも出してそっと口に入れてあげてはどうでしょう。「少しの間これでがまんしようね。そう、がまんできるの？　えらい子だね」と。

洋服のボタンを上まで留めたいのであれば、時間の許す限り、いえ、多少時間が許さなくてもやらせてあげてください。自主性のある子だからこそ、親のペースを押しつけられることががまんできないのです。「泣いて勝つ」のではなく、泣かなくても勝たせればいいのです。

「子どもの言うことばかり聞いていると、わがままな子になる」と思っている人がいますが、そんなことはありません。幼い子どもが望むことは、何をどれだけやってあげても大丈夫です。子どもの言うことを日ごろからよく聞いてあげている人が、子どもに言うことを聞かせることができるのです。その順番をまちがえないことです。

しかり方

きょうだい関係

Q2

# 独立心旺盛？な小1の娘との接し方を教えて

［小1・4才女の子の母］

先日、母子3人で入浴中に娘2人が大ゲンカしました。どう見ても長女のほうが悪かったので、つい一方的に怒ってしまったところ、長女は「こんな家にはもういられない！」と言い放ち、ビショビショの髪の毛のまま家を出ていきました。私も次女もあわててお風呂を出たのですが、着替えなどに手間どり、追いかけたのは15分後、マンションの外階段にうずくまっていた長女を発見しました。結局、家のまわりをウロウロしていただけだったようですが、「7才でも家出するんだぁ！」とビックリしました。

思えば、4才のころから「私はいくつになったらひとり暮らしができるの？」などと言う子でした。よく「家出少女」の話を聞きますが、こういう独立心旺盛なタイプは、気をつけないと家出少女になるのでしょうか？　最近は秘密も増え、どんどん扱いにくくなる

娘の取り扱い方を教えてください。

## A 「家出」は甘えたい気持ちのあらわれです。独立心は、家庭に安心できて初めて育つもの

厳しいことを言うようですが、この子は「独立心旺盛な子」なんかではありませんよ。すねているだけです。妹のほうがかわいがられているような気がして、自分のことをわかってほしくて、甘えたくて、それを言葉で言えなくて、だから家を飛び出しただけなのです。それなのにお母さんは15分もたってから迎えにきた。この子は外階段で、ぬれた髪のまま、お母さんを待っていたんです。かわいそうな子です。

家に戻らず友だちの家を泊まり歩く「家出少女」たちも、根っこは同じです。けっして独立心が旺盛なのではなく、自分にもっと目を向けてほしくて、家を出るという極端な行動に出ているだけです。

子どもが本当の意味で自立するためには、家庭に十分なやすらぎと安心を感じる必要があります。イギリスの乳幼児精神科医のウィニコットはこう言っています。「幼い子にとって母子分離なんてものはありません。お母さん

との関係で十分な安全感（守られているという安心感）を得て初めて、その安全感をもち歩くようにして、親から少しずつ離れていくのです」と。

お母さんへの信頼や安心をしっかり実感できることで、外の人とのつながりがつくれるようになるのです。たとえば不登校の子が学校に行けるようになるのはどんなタイミングかというと、自分の親との関係がよくなり、家庭が本当の意味で居心地よくなったときなのです。外でいきいき活動できる子というのは、帰る家のある子です。子どもは、居心地が悪いから家を出ていくわけではなく、居心地のいい家庭で十分エネルギーをため込んだからこそ、自信をもって家を出ていけるのです。逆に言えば、親に不安感をもっているうちに親から離れることほど、危ないことはありません。

## 根っこには下の子への嫉妬心があるのかも。上の子の思いを尊重してあげてください

　このお子さんの心のうちには、「自分より妹のほうが親に愛されている」という思いがあるのではないでしょうか。「2人きょうだい」に顕著なのですが、上の子は「自分は下の子ほど愛されていない」と思いがちです。

　このお子さんも、4才ごろから「ひとりで暮らしたい」と言い始めたのですね。おそらく下の子に親の愛情をとられてしまったと感じ、その不安感がこのような言葉で表現されたのではないでしょうか。

　いまからでも遅くはありません。「あなたが大事」「あなたが大好き」というお母さんの思いを、どうぞ上の子に伝わるように届けてください。

　いちばんいいのは食べ物です。上のお子さんの好きなものを作ってあげる、「あなたの好きなシュークリームを買ってきたよ」でもいい。子どもというのは、たったそれだけのことで「親に愛されている」と思うのですよ。

　きょうだいのモメごとには、親が口を出さないのがいちばんです。「どっちが悪い」と親が決めてしまうのは、きょうだい関係をこじらせてしまうものです。何度ケンカしても、時間がたてば普通に遊び始めるのであれば、何も問題はありません。

わがまま

きょうだい関係

Q3

# 激しいわがままに手を焼いています

［小1女の子、年中男の子の母］

小1の娘は、小学校の入学式の日からほぼ毎日、家に帰ると泣いたり暴れたり、つかみかかってくるようになりました。理由はだいたい理不尽で「○○を買ってくれるって言ったじゃない！」（絶対に親は言っていないもの）と言ったり、父親の行けないイベントに「お父さんと行きたかったのに！」とダダをこねたり、「習い事に行きたくない」とゴネたり、たいして見たくもないテレビをダラダラ見続けて、注意されると逆ギレするなど、とにかく「いやだ！」の連続です。

エスカレートしてくると、「みんな○○（弟）ばっかりかわいがって！　私のことなんて誰も好きじゃないんだ」と泣きわめきます。最初は理詰めで諭しますが、聞いてくれないので、最後にはこちらも腹が立ち「じゃあ勝手にすれば！」と突き放してしまいます。

学校は「楽しい」と言い、とくに問題もないようです。私の母には「愛情が足りていないのではないか、もっと甘えさせたほうがいい」と言われます。でも、すべて娘の言いなりになるわけにもいきません。「甘やかさずに甘えさせる」にはどうすればいいでしょう。また、つかみかかってくる場合は、たたき返してしまうこともあります。子どもに暴力をふるうのはいけないと思いますが、たたかれっぱなしも問題ではないかと思います。

## A 甘やかしてください。甘えさせてください。お母さんの愛情を伝わるかたちで届けて

私もおばあちゃんの意見に賛成です。愛情が足りないとは思いませんが、この子には甘えが不足していると思います。

子どもというものは、お母さんとの関係に本当の意味で安心感や信頼感を抱けていなければ、新しい環境になじむことができないのです。けれど子どもはそんな混乱を親に伝えられません。それで「買って」「いやだ」などのわがままを言うのです。この子が本当の意味でほしいのは、「物」や「イベント」や「習い事を休むこと」ではありません。弟だけがかわいがられてい

るように見えること、もっと甘えたいのに甘えさせてもらえないこと、お母さんをひとり占めできないこと、その強い欲求不満をさまざまなものに置き換えてお母さんに投げつけているのです。それは理屈ではなく、感情です。この子のせつないばかりの、お母さんへの愛情です。

それなのにお母さんは理詰めで諭していらっしゃる。そして、最後には突き放す。これでは、この子の欲求不満がエスカレートするだけです。

「甘やかさずに甘えさせるにはどうしたらいいか」と書いていますが、そんな方法はあ

りませんよ。甘やかしてください。甘えさせてください。そんな甘え方はお母さんだけにしかできないのです。

子どもは「依存」と「反抗」を繰り返しながら自立していきます。いまが「依存」の時期なのでしょう。甘えとわがままを十分に受け止めてもらえればもらえるほど、自立に向かってしっかり歩けるのです。

## 大人の論理で考えると子どもの思いが受け止めにくくなります

このお母さんは非常にしっかりした頭のいい方なのでしょう。育児書なども読んでいて、子どもをたたくのがいけないことも、甘えさせる必要があることもわかっています。でも、「買ってほしいと言われたからといって、無条件で買うのはいけない」「子どもの暴力はやめさせたほうがいい」という知識との矛盾にも悩まれている。だから、ダメなことはダメと伝えながら、甘えさせることもしたいと思っていらっしゃる。それは理屈としては正しいのです。でもそれは大人の論理です。大人社会で当たり前のルールは、子どもとの関係であまり役立たないことが多いものです。

この子はお母さんにかわいがってほしいだけなのです。物がほしいわけではありませんから、言われたものを言われたまま買う必要はありません。でも「仕事の帰りに文房具屋さんで見つけたんだよ」と、かわいい消しゴムをプレゼントするのはいいのです。そういうことで子どもは「お母さんにかわいがられている」と感じるのです。

お子さんがつかみかかってきたとしても、たたき返してはいけません。絶対に親は子どもをたたいてはいけません。たたき返したくなることもあるでしょう。そういうときは、有無を言わさず抱きしめてしまうのがいいのです。たたくよりはるかにいい。

どうぞ、この子に「私はあなたを愛しているのだ」ということが伝わるように表現してください。うんとかわいがってください。うんとやさしくしてください。暴れなくてもすむように。泣きわめかなくてもすむように。

このお母さんはもうわかっていらっしゃるんだと思います。あとは実行するだけです。

Column

# 「あなたは最高の子」と子どもに伝えましょう

「日本人の親子は、愛着関係が希薄なのではないか」

そう指摘する外国のジャーナリストや心理学者は少なくありません。彼らの中には、「引きこもり」について調べている人もいるのですが、その原因を日本人の親子関係にあると見る人もいます。

「日本人は、『私は親から無条件に愛されている』と子どもに実感させるような愛情の表現ができていない。だから子どもは自分に対する自信がもてず、人の輪に安心して入っていけないのだ」と。

40年も前ですが、私がカナダに留学していたころ、家内はよく現地の奥さん方のランチに招かれていました。そのとき、彼女たちは例外なく自分の子どもを「うちのナイスボーイ」と紹介し、自分の子どもがいかに優秀かを本気で語るのだそうです。家内はいつも驚いていました。彼女たちにとっては、ほかの子と比較してすぐれているかどうかは問題ではなく、「私にとっていちばん」であることが重要なのです。

日本人は謙虚ですから、臆面もなくそんな自慢はできません。でもせめて子ども本人には、「あなたのこんなところがいいところだ」「あなたが大好きだ」と無条件に愛情を伝えてください。

感情コントロール

登校しぶり

Q4

# 子どもの体調不良は私の「愛情不足」のせい？

［小2・年少女の子の母］

小2の娘は、毎日のように体のどこかが痛いと訴えてきて、何度も熱を測ったり、手足に湿布をはったりしています。月に数回は微熱を出し、学校でも保健室の常連。懇談会で先生に「何かのサインでは？」と言われました。

普段から、妹より大きな声で泣いたり、宿題などでやるべきことがたくさんあると、ギャーギャー騒ぐので、私もつい大きな声で怒ってしまいます。そのため、娘もよけい怒りっぽくなっているのでしょう。

おそらく、私の愛情不足が原因ではないかと思っています。娘がまだ幼い時期に私が入退院を繰り返したり、下の子に手がかかることで寂しい思いをさせてきました。そのせいだと思うのです。

最近は学校や習い事にも行きたがらなくなり、将来不登校になるのではないかと心配です。

# A 愛情は不足していません。伝わるかたちになっていないだけです

体調不良の原因は、ストレスだと思います。「心因反応」というのですが、苦痛、不安、恐れ、つらさなど、自分では処理しきれないストレスがあると、その人の体質の弱いところに反応が出てしまうのです。発疹、熱、下痢、便秘など、症状は十人十色です。これは、「ストレスが大きいから、注意しましょう」という体からのサインです。お子さんの場合、学校や習い事で、友だち関係のストレスを抱えているのかもしれませんね。

この方のお子さんがそうだということではないのですが、友だちと親しく交われない子は、愛着関係の土台ができていないことがあります。

「愛着」とは、特定の個人に抱く深い情緒的な結びつきで、一部の例外を除けば、まずお母さんとの関係で築かれるものです。愛着のもとになるのは、「自分はこの人からは無条件で愛されている」「永遠に、一生愛される」という確信、無条件の信頼感です。これを基盤にしながら、人は少しずつ他者との関係を築いていきます。きょうだい、親戚、友だち、先生、恋人……。しかし、親子の愛着関係を幼いうちにしっかりと築くことができなければ、社会における人間関係の成立は難しくなってしまいます。

## まずは母子の愛着関係の土台をつくること。すべてはそこから始まります

この方は「娘が幼い時期に私が入退院を繰り返した」といったことを書いていらっしゃいます。お母さん自身が感じているように、愛着関係の形成がうまくいっていない可能性もあります。であれば、それをもう一度つくり直す努力をしてみてはいかがでしょう。愛情を、伝わるかたちにして伝えるという努力をするということです。

いちばんいい方法は、子どもの話を聞いてあげることです。イライラせず、怒らず、穏やかに、うなずいて聞いてあげるのです。激しく泣いて訴えているのは、「普通に言ったのでは聞き入れてもらえない」とお子さんが思っているからでしょう。「怒られない」「ちゃんと受け止めてもらえる」と信じられるようになれば、泣かずに言うようになります。

愛情は、ゆったりした雰囲気の中で伝わるものですから、お風呂、食事、眠る前の添い寝の時間を大事にしてください。お風呂で歌を歌い、子どもの好物を作ってあげれば、お母さんの愛情はちゃんと伝わるのです。

ギャーギャー泣くときは、抱きしめてあげるといいですね。子どもは暴れてふり払おうとしますが、それができないくらい強く抱きしめるのです。「大好きだよ、大事だよ」と言って、「だから○○してね」は言わないのです。

具合が悪いというなら、子ども用のサプリメントのようなものを飲ませ、「痛い」という部分をやさしくさすってあげましょう。お母さんのそばでやすらいだ気持ちになれば、体調もよくなっていくと思います。

いっぺんにはできないでしょう。でも、昨日より今日が、今日より明日が、少しでも進歩していればいいのです。ときに後退することがあってもいい。いい方向に向かっていると実感できれば、子どもの目はどんどん輝いていきます。過去のことは気にしなくて大丈夫。いまから、始めてみてください。

きょうだい関係

乱暴な子

感情コントロール

Q5

# 下の子にやさしくできない長男に困っています

［10才・3才男の子、5才女の子の母］

3人きょうだいの中で、10才の長男への接し方に悩んでいます。下の子2人はいたずらざかりで、お兄ちゃんのゲームを隠したり、大事にしているぬいぐるみを流しに投げたりします。お兄ちゃんも頭にくるとすぐに手を出し、弟をたたいたり、妹をぶったりするのです。下の子たちは小さいので、「たたくのはやめなさい」と注意しています。

ところが、最近になってからは、私に注意されると「いつも自分ばかり怒られる」「わあああー」と激しく泣きわめき、足をバタバタさせ、イライラした様子を見せるようになりました。先日も夕飯の支度中にケンカになり、3才の弟が「痛い痛い」「お兄ちゃんがやった」と泣いていました。翌日病院に行くと、ひじの関節がはずれていたのです。私はきょうだい3人に平等に接しているつもりですが、長男は私の態度にも不

満があるようです。

## A お兄ちゃんを少しだけ特別扱いしてください。本当の意味での「平等」になります

お母さんはきょうだい3人に対し、平等に接しているとおっしゃっていますね。気持ちの面では本当にそのとおりでしょう。でも実際には、下の子に手をかける場面が圧倒的に多いことと思います。親にとっては仕方のないことですが、お兄ちゃんから見たら、やはり不平等です。「弟や妹ばかりママにかわいがられている」と見えるかもしれません。

もちろん上の子には上の子なりのプライドがありますから、下の子と同じように手をかけてほしいとは思いません。でもそのぶん別の何かがほしいのです。それは「1人でやってくれるから、お母さん助かるわ」というほめ言葉かもしれません。下の子に向かって「お兄ちゃんを見習ってね」と言ってもらえる誇らしさかもしれません。

そんなふうに、お母さんには少しだけお兄ちゃんの味方をしてあげてほしいと思います。「味方をしているように見せる」だけでかまいません。そんな言葉かけを意識なさるといいのです。

不思議なもので、お母さんが上の子にやさしくすればするほど、上の子は下の子にやさしくなります。逆に、お母さんが上の子に「上の子らしさ」を求めれば求めるほど、上の子は下の子にやさしくできなくなるのです。お母さんが下の子にやさしくしているのに、なぜ自分までやさしくしなくちゃいけないのかと、そんな気持ちになるのかもしれません。

## 10才は課題が増える年齢。この時期こそ家庭をやすらげる場にしましょう

お兄ちゃんはいま10才ですね。お母さんの目に見えるやさしさが必要な時期かもしれません。

10才というのは「課題」が増える年ごろなのです。学校での人間関係は複雑になってきますし、勉強も難しくなります。自分を客観的に見られる年ごろになりますから、悩みも増えます。そんな時期は、家庭でのやすらぎや安心感、満足感がいままで以上に必要になります。家庭でのやすらぎという基盤があるからこそ、社会活動、つまり学校での活動がのびのびできるのです。

これから思春期に入ると、それがもっともっと重要になってきますよ。家庭にくつろぎの場がなくなると、外で「くつろぎ」を求め、友だちの家を泊まり歩いたり、非行に走る子もいます。非行に走る勇気のない子は、引きこもります。逆に、家庭がくつろぎの場になっていれば、社会的な活動がスムーズにできるようになります。

お兄ちゃんの話を聞いてあげてください。食べたいごはんを作ってあげてください。たったそれだけで、少しずつ落ち着いてくるものです。

健全な人間関係の土台は親子関係です。親に思いっきり甘えて依存して、その安心感をもち運ぶようにして子どもは外に出ていきます。家庭が本当の意味で依存の場になると、子どもは自立の方向に向かってちゃんと歩いていくのです。

佐々木正美先生の

# こころの処方箋

## 感情的になりがちな子は、たっぷり甘やかしてあげてください

子どもが感情的になったり、乱暴になったりするのは「ママに特別に手をかけてほしい」というＳＯＳサインです。抱っこして、話を聞いてあげて、好きな食べ物を用意してあげてください。できるだけわがままを聞き、甘やかしてください。１カ月、２カ月たったころには、不思議と落ち着いてくるものです。

Part 2

# 気になる個性

## 短所に見えるところに長所があります

「この子の性格を
なんとか直してあげたい」
と思えてしまうときに

ほめる　自尊感情

Q6

# 自信過剰でアピール好きの息子に戸惑います

［年少男の子の母］

私も夫もともに内向的な性格なのに、息子は誰に似たのか積極的でアピールするのが大好きです。「オレ、走るの速いよ！」「ダンス上手だよ！」と、親はもちろん、先生やお友だちにも自分の得意なことをアピールします。客観的にはどう見ても、同じクラスの子より動きが緩慢なのですが……。外交的で積極的なところはいいと思うのですが、この先、自信過剰すぎて周囲の友だちからウザがられたりしないか心配です。

また、「オレ、○○が得意だ。すごいだろう」と言われたとき、本当はそうじゃないと思っても「そうだね」とほめてあげたほうがいいのでしょうか。「もっとこうしたほうがいいのでは？」というアドバイスは無用ですか？

# A 本当に自信のある子は「ぼくはすごい」などと言わなくていいのです

このお子さんは「自信過剰」なのでしょうか。いいえ、私は自信のない子に特有の行動だと感じます。

自信というものは、人より抜きんでて何かができることで身につくものではありません。それは自信の一部にすぎず、本当の自信は、心の奥の深い部分で、自分という人間の価値を心から信じられることだと私は思います。

このような自信は、親や身近な人から「あなたがどんな子でも、私はあなたがかわいい」と思ってもらうことで身につくのです。本当に自信のある人は、たとえ子どもであっても、人より多少できたからと自慢したり、人より下手だからと劣等感をもったりはしないものです。そんな必要がないのです。

私は定期的に保育士さんたちとの勉強会をしていますが、「ぼくすごいでしょう！」「ほめて！」と主張する子は少なくないといいます。保育士さんたちはこういう行動を「こっち見て行動」と呼んでいますね。「こっち見て行動」にはさまざまな種類があり、「お腹が痛い」「足が痛い」「ぼくなんて死んだほうがいい」など、大人を心配させる言動をする子も多いものです。

## 子どもをちゃんと見て なんでもないようなことをほめてください

この方は「ほめてあげたらいいのですか?」と聞いていますが、「何かができた」ということよりも、子どもが何も主張しないこと、なんでもないような日常的なことをしっかりほめてあげることを意識してください。お手伝いをしてくれたとか、言われなくても脱いだ服を洗濯機に入れたとか、ご近所の人に挨拶ができたとか、そういう小さな「やって当たり前」と思いがちなことを十分にほめてあげるのです。

小さなことをほめるためには、子どもをちゃんと見てあげなくてはいけません。そうすれば子どもも「ママはぼくを見ててくれる」と実感できますから、「こっち見て行動」などしなくてよくなるのです。

もちろん「ぼくダンスうまいんだよ」と言うときに、「そんなことはない」とか「いばらないの!」なんて言う必要はありませんよ。「本当は足が遅いくせに」なんて言ってはいけません。ほめてあげていいんです。でも、ここは半分くらいのトーンで十分です。

お母さんはこのお子さんを「積極的」と思っていらっしゃるようですが、本当の意味での積極性は、親から無条件の愛情をたっぷり注いでもらい、本当の意味での自信をつけてからでないと育つものではありません。お母さんはそこをわかって接していってください。「オレ、すごいよ」なんてわざわざ言わなくてもいいくらい、いつも見てあげてください。

　このお子さんには、得意なことがたくさんあるのですね。外交的なお子さんなのですね。いい部分はほかにもありますよ。もっとたくさん見つけてあげて、お子さんに教えてあげてください。そしてお子さんのしてほしいことをしてあげれば、それでいいのです。

内向的

友だち関係

Q7

［4才男の子の母］

# 内弁慶で、外ではほとんど話さない息子が心配

４才の息子のことで悩んでいます。以前から人になかなか慣れず、とても内弁慶です。家の中や、近くにある私の実家では、元気いっぱいで明るく、自分からペラペラしゃべるのですが、公園など外ではお友だちともあまり話しません。幼稚園でも、自分から話すことはあまりないようです。公園でお友だちと遊ぶときも必ず「ママも来て」とひとりでは行きません。それでも、私がいると楽しく遊べるようです。

佐々木先生のご著書に「かん黙の子は家庭で十分安心できていない」という一文があり、涙が出ました。親子の信頼関係ができていなかったのか、私がもっとこの子を受け入れてあげればよかったのかと。

子どものことになると、すごく悩んでしまいます。外でもっと話したり、自分のことが言えたりするようになってほしいのです。

# A 子どもはみんな内弁慶なものです。「ママも来て」と言うならいくらでもつきあって

子どもは本来、みんな内弁慶です。安心できる人にしか、安心しておしゃべりできないのが子どもです。

まず親や祖父母といった「安心できる人」とのびのび話せるようになり、それから少しずつ、友だちや幼稚園の先生、そして知らない人とも話せるようになっていきます。何才になったら話せる、こうすれば話せるようになる、ということではなく、親の前で自由にいろいろ話せるようになってから、少し遅れて外でも話せるようになるのです。

外でおしゃべりできない状態が、5才まで続くのか、小学校に入るまで続くのか、それは子どもの個性によってひとりひとりちがいます。このお子さんはまだたったの4才です。何も心配することはありませんよ。お母さんが、自分を責めて涙を流すようなことではありません。安心して時期を待ってください。

「親子の信頼関係ができていなかったのか」と書いていらっしゃいますが、そうではないと思います。お子さんは、友だちと遊ぶときもついてきてと言うのでしょう？　お母さんなら守ってくれると、信じている証拠です。

子どもが「遊びにつきあってほしい」と言うなら、何度でもつきあってあげるといいんです。そのうち「もう来ないで」と言うときがきます。「もう○才なのに、親についてきてほしいなんて大丈夫かしら」なんて、心配してちゃダメですよ。ひとりで遊びに参加できるようになるのをいまかいまかと待っているうちは、そうならないものなのです。苦もなくつきあってあげるのがいいのです。それを繰り返すことで、信頼関係は、より強く、早く、しっかり結ばれるのですから。

## 場面かん黙と内弁慶は程度のちがいです。よくなる過程は同じだと考えていいでしょう

内弁慶の極端な例は「かん黙」です。かん黙症とは、「言語や知能に問題がないにもかかわらず、話すことができない」というものです。ある場面では話せるのに、別の場面では全く話せなくなるという状態を「場面かん黙」といいます。家ではよく話すのに、小学校では一度もおしゃべりせず卒業していった、というようなケースもあります。

場面かん黙か内弁慶かの、明確な境目はありません。程度の問題です。高血圧と同じですね。目安の数値はありますが、「ここからは病気」とはっき

りは言えません。場面かん黙も同じです。
かん黙でも内弁慶でも、家庭でのびのび話せるようになると必ずよくなっていきますよ。何を話しても大丈夫、親にしかられたり、自分が傷つくような言い方をされたりすることがない、という安心感があればいいのです。

日本の親は、こまかいことでしかったり、批判したり、注意したりしすぎる傾向がありますね。あまり言いすぎないことですよ。そして、たくさん聞いてあげることです。子どもに言わせてあげることです。

お子さんはごく普通の4才児です。私が保証します。

内向的　習い事

Q8

［6才男の子の母］

# とても怖がりでビビリ屋な息子が心配です

怖がりで、ビビリ屋で、根性なしの息子に困っています。おばけ屋敷やジェットコースターはもちろん、たとえばいっしょに料理をするにも、「火が怖いからできない」と言います。水泳や空手などの習い事も「水に顔をつけるのが怖い」「痛いから怖い」と言って、やろうとしません。遊園地でも、3〜4才の子でも乗れるような乗り物に「怖いから乗らない」と泣き叫びます。親が恥ずかしくなるほどの怖がりです。

昔、「女は愛嬌、男は度胸」といわれましたよね。男らしく、強く、たくましく育ってほしいのに、人一倍怖がりだなんて……。パパは「ひとりっ子で甘えて育ったんだから仕方ないよ」と言いますが、こんなに怖がりで、将来何もできず、引きこもりになったらどうしようかと心配です。何か、サッカーや空手などのスポーツを習わせたほうがいいのでしょうか。

# A この子は繊細で穏やかな子なんですね。せっかくのステキな個性を変えてはいけません

私の3人の息子のうちの1人も怖がりでした。遊園地に行っても、ジェットコースターを見ると「なんであんな怖いものに乗らなくちゃいけないのか」と言うのです。ほかの2人は「あのスリルがたまらない」と言うのに。

その子は水に顔をつけるのも苦手で、プールでの飛び込みもいやがります。ほかの子も最初は下手ですが、怖くないから上達するんです。でも怖いと思う子は、いつまでもうまくなりません。ほかの子が上達するのを、情けなさそうに見ているんです。

「同じように育てているのに、このちがいはなんだろう」と思いました。結局は、個性なのです。親が無理やりやらせたところで怖くなるだけです。「いいんだよ。できなくたってかまわないんだ」と言ってあげるしかありません。

大人でも、ジェットコースターに絶対に乗らない人はいます。でも、水に顔をつけられるようにはなりますし、暗いところにも行けるようになります。自分で恐怖をコントロールする方法を身につけていくからです。それまで待つしかないんです。「サッカーや空手を習わないから」「ひとりっ子だから」

ではありません。育て方やしつけでなんとかなるものではなく、個性なのです。

## 怖がりであることより自己肯定感の低い子になることを恐れてください

「怖がりだと引きこもりになる」というのは短絡的な考えです。この子の繊細な性質を大切にして「あなたはそのままで大丈夫」と励まし、お母さんに対して安心できるように育てていけば、引きこもったりしません。逆に、無理やり「親が望むような子」に育てようとすると、「いまの自分ではダメなのだ」と思うようになり、自己肯定感を抱くことができなくなります。そういう子が引きこもるケースを、私はたくさん見てきました。

「恥ずかしいほど怖がり」と書いていますが、子どもは「親が自分を恥ずかしいと思っている」ということに、なんとなく気づくものです。それは成長に伴って、親への否定的な感情に変化していきます。

「男は度胸、女は愛嬌」なんてことも、遠い昔の話です。いまは男の子だって繊細な心づかいを期待される時代です。せっかく敏感な心をもって生まれたのですから、逆のタイプに育てようなどと思わなくていいのです。

サッカーやスイミング、空手などのスポーツもいいとは思うのですが、それだけでなく、音楽系や芸術系など、いくつかの教室を見学に行くことをおすすめします。大事なことは、「習いたい教室に行かせてあげるからね」と、親がしっかり言ってあげることです。「どの習い事も気が乗らない」というのであれば、「じゃ、気に入った習い事が見つかるまで待とうね」と言ってあげてください。親に心の余裕がないと、子どもは「自分らしさ」をのびのび育ててはいけないものなのです。

個人的な思いを言わせていただくと、こういうタイプのお子さんは、芸術家や心理学者などに向いているかもしれません。人の弱さや悲しさ、恐れといった部分にあたたかな目を向けることができると思います。どうでしょう、私ならお絵かき教室に連れていってみたいですね。いい作品を作りそうです。

習い事　得意・不得意

Q9

# 運動が苦手。がんばらせたほうがいいですか？

［年長女の子の母］

３月生まれの娘は、幼いときから同じ学年の子の中では小さく、運動能力も劣って見えました。でも、家では「早生まれだから」ということは一切言わず、いろいろと遅いことも気にせずにここまで過ごしてきました。

ところが、年長になって「自分はほかの子より運動が苦手なようだ」と気がついたようです。先日、赤ちゃん時代から通っている体操教室に「行きたくない」と言い始め、理由を聞いたら「私、一生懸命走ってもビリになる。もういやだ」と言うのです。「一生懸命することがいちばんかっこいいんだよ」と言いましたが、本人は納得しません。

体操教室ではボールや縄跳びも始まったのですが、これまた全くできません。教室の先生から「家でも練習してみて」とアドバイスをされましたが、練習してもやっぱりできません。がんばらせたほうがいいのでしょうか。

# A 苦手を克服しようとがんばらせることより得意を伸ばすことが親の役目だと思いますよ

人によっていろいろな考えがあるとは思いますが、私は運動の得意不得意というものは確かにあると思っています。足の速い子というのは、練習したから速いわけではないんですね。走ってみたらたまたま速かったと、そういうことだと思います。逆に、運動が苦手と思っている子は、少しくらい体操教室などに通わせて訓練をしても簡単にうまくはならないものです。苦手なことというのは、努力が成果に結びつきにくいからです。

一方で得意な子は、少し教えてもらっただけで驚くほどの成果を出します。苦手な子はますます差をつけられてしまうわけですから、劣等感をもってしまいます。「苦手でも一生懸命やることが大事だ」なんて、6才の子が考えるとは思えません。

苦手を努力で克服することができるケースもないとはいえないでしょう。でも私は、あえてそれをしないのがいいと思っています。それは「運動が苦手な子はよくない」「いまのままのあなたではダメなのだ」というメッセージになってしまうからです。

得意なことと不得意なことがあるのであれば、まずは得意なことを伸ばすほうがずっといいのです。得意なことは成果が出やすいので、やっていて楽しいし、自信にもつながります。もっとがんばろうと思えるようになります。不得意を克服することに時間を割くことより、得意を伸ばすほうが、その子らしさを引き立て、輝かせることになるのです。それはけっして「逃げる」ことではありません。

## 成果を求める運動ではなく遊びの中で体を動かしましょう

お子さんが「体操教室をやめたい」というなら、やめさせていいと思います。そのぶん、好きなことを思いっきりさせてあげてください。十分な時間があれば、お絵かき、読書など、好きなことに夢中になるでしょう。それを自由にさせてあげて、「あなたは絵が得意なんだね。すごいね」「おもしろい本をたくさん読んだね」と認めてあげるのです。そして、得意が伸びるように多少のアドバイスをしてあげればそれで十分です。

もちろん私は、運動が苦手な子には運動などさせる必要がないと言っているわけではありません。劣等感を強くしない程度には、させたほうがいいと思います。たとえば、親子で週末にハイキングや登山に出かけたり、温水プ

ールでもぐったり浮いたりして遊ぶのはいかがでしょうか。短時間で成果をあげるような運動ではなく、遊んでいるうちに気づいたら運動しているというような、そんなものを選ぶといいでしょう。

大人になったら、ボール投げが得意か不得意かなど、誰にもわかりません。それよりも、好きな運動がなにかしらあるほうがずっといいと思います。そして「運動は下手だけど、体を動かすのはわりと好き。勉強も好き、本を読むのは大好き」というように、自分の得手不得手を自然に認められるようになるといいですね。

そのためには、苦手があることを親がことさら気にせず、好きなこと、得意なことを大事にしていけば、それでいいのだと私は思います。

自尊感情

感情コントロール

Q10

# 負けず嫌いすぎる上の子をなんとかしたい！

［7才・4才男の子の母］

いま私の一番の悩みは、長男の「負けず嫌いすぎる」性格です。負けず嫌いはけっして悪いことではないと思うのですが、わが子は度を越した負けず嫌いで、親としては困っています。

たとえば、父と弟とカルタをしたときのこと。弟はまだ文字が読めず、父も読み手をしていたので、長男だけ調子よくとれていました。上機嫌で自分がとったカルタを、弟や父にあげていたのですが、最終的に持ち札を数えると自分の分が弟や父より少ない。いきなり激怒し、わめき散らし、「やっぱりコレは自分の分！」と言って弟が手にしていた札を無理やり取り上げました。

友だちの前でも、自分の思いどおりに事が進まないと文句をつけ、無理やり自分の思いどおりに事を運び、満足しています。まわりは不愉快そうです。これを続

けていたら、そのうち友だちがいなくなってしまうのではと心配です。

## A 負けず嫌いは向上心の源になる大事な感情。それをナマのまま出さない練習は家庭で気長に

お母さんは「度を越した負けず嫌い」と心配されていますが、私はそうは思いませんよ。本当の負けず嫌いは、負けて悔しがる姿を人に見せないものです。この子の場合は、素直に泣いたりわめいたりして、私に言わせると「ちょっとした負けず嫌い」です（笑）。

おっしゃるように、負けず嫌いは、悪いことではありません。向上心は、負けた悔しさから生まれます。「次はもっとこうしよう」「こうやったら勝てる」という学びの芽になります。手段を選ばず勝とうとするのはよくありませんが、「負けて悔しいという気持ちを大事にしよう」と意識してお育てになるといいと思います。「負けても平気」という子もいますが、「努力しなくてもいい」につながることもありますから、これだって少し心配なものです。

弟の札を取り返そうとしたときには、厳しくしかるのではなく「いったんあげたものを返してって言うのはよくないよ。みっともないことだよ」と、やさしく教えてあげればいいと思います。それでも「返せ」と言いはるなら、弟に「お兄ちゃんがこう言っているから返してあげようね」と言ってもいいでしょう。しかる必要はありません。

同じような姿を家の外でも見せるようなら、「悔しがるのは家の中だけにしよう。お友だちとの遊びの中では、ちょっとがまんしてみようよ」と穏やかに教えてあげてください。

## 感情をどうやってコントロールするかは親が見本を見せてあげましょう

弟にライバル心があり、負けたくない気持ちもあるのでしょう。当然のことです。子どもはまずきょうだいで競争し、次に身近な友だちと競争します。競争しながら子どもは成長し、発達するのです。

ただ、競争する気持ちが強くなりすぎると、変な優越感や劣等感をもつようになります。優越感や劣等感をゼロにすることはできないのですが、必要以上に大きくしてしまうのもよくありません。親も、子どもが勝ったときに大喜びしすぎない、負けたときに残念がりすぎないことを意識してください。あまりに優越感や劣等感をあらわにする場合には、「お母さんはそういうのはよくないと思うんだ」というような言い方でストップをかけるといいでしょう。ときには「お父さんはどう思うかな？」と聞いてみてください。相対的にいろいろな価値観を伝えることが、子どもの柔軟な感情を育てることにつながっていきます。

悔しいし、悲しいし、恥ずかしい。子どもはみんな、感情をナマの状態で出してきますね。これらの感情がいけないのではなく、「上手にコントロールすることが大事なんだ」ということを教えてほしいと思います。早いうちにできる子と、なかなかできるようにならない子がいます。もって生まれた気質もあるでしょうけれど、親の育て方もあると思います。親自身が感情を上手にコントロールできていれば、子どもも割合早く、感情の扱い方を学ぶのではないでしょうか。親が子どもの「子どもっぽい姿」に対して、感情的な対応をすることは控えるべきだと思います。

佐々木正美先生の

# こころの処方箋

## 子どもの個性はあれこれいじらないのが一番です

親にはそれぞれ「こうなったらいいのになぁ」という
願いはあるでしょう。けれどそれは極力出さず
「あなたはあなたのままでいいんですよ」と伝えてください。
お母さんが「そのままでいい」と思ってくれれば
その子が本来もつ力で、大きな個性という花を咲かせます。

Part 3

# 発達障害の周辺で

## その子のままで幸せになれるように

ＡＤＨＤや
アスペルガー症候群といった
障害がうたがわれたときに

しかり方　発達障害

Q11

# 落ち着きがない長男をしかりすぎてしまう

［小1男の子、4才女の子の母］

小1の息子のことで相談です。息子は落ち着きがなく、ダメだと言われたことを余計にやったり、わざわざ怒られることばかりします。怒られてもケロッとしていて、私を蹴ったりするので、私も手をあげることがあります。テレビを見ているときは何時間でも静かですが、テレビが見られない、食べたいものが食べられないとワーッとキレたりします。

担任の先生からも月に一度は電話をいただきます。落ち着きがなく、集中力もなく、もって5～10分。決められた掃除分担につかず、自分が掃除したい場所に行ってしまう。静かにしなくてはいけない時間でも、わざと声を出したりする。そんな内容で、長いときは50分も電話が続きます。私の両親にも「甘やかすからこうなる」と言われます。

息子は精神的にも幼く、怖がりで、寝るときは私のお腹をさわって寝ています。何かをやろうという気もありません。いまからでも何か、サッカーなどをやらせて鍛えてもらおうかと主人と話しています。妹と比べてはいけないのですが、妹は何にでもやる気があり、息子は自転車にも乗れない、練習する気もない……。上の子優先に、と思ってはいるのですが、息子にやる気をもってほしくて「練習しないと、妹のほうが先に自転車に乗れるようになっちゃうよー」とか言ってしまいます。

たまに、「オレを見捨てるのか？」「オレが死んじゃっていいのか？」と言うことがあります。「死んではダメ。悲しいよ。あなたが大事だよ」と言いましたし、しかったあとも「大事だからしかるんだよ」と最後に必ず言っています。息子も「わかった」と言ってくれるのですが……。

# A　しかられすぎている子ほど、しからないのです。がまんさせる前に親が怒りをがまんするのです

ご相談内容から、このお子さんには発達障害があるのではないかと感じました。程度の軽重はわかりませんが、そのような視点でアドバイスさせていただきます。

まずお伝えするのは、発達障害は「発達の遅れ」ではなく「発達にデコボコがある」ということです。脳の広い領域の中にデコボコがあり、発達障害の程度が大きいほどにデコボコも大きくなります。「こんなこともできないの？」という部分がある子ほど、「すごい！」と驚くような何かをもっているものです。そういう方を私は何人も知っています。素晴らしい専門家、一芸に秀でた方の多くはそういう人です。ただ、いい部分は年齢が低いほど見えにくく、できないことばかりが目立ってしまうものです。

発達が不均衡であるということは、「脳の働きをまとめる力が弱い」ということで、いろいろな刺激や情報の中で、大事なことと無用なことを見きわめる力が弱いのです。気が散りやすいし、落ち着きなく動くから集団行動でも迷惑をかけます。でも、成長とともに脳の中でまとまるようになってくるのです。問題は、まとまる前にうんとしかられて、劣等感や「自分はダメだ」「愛されていない」という思いをもちすぎてしまうことです。そうなると、成長してもいい部分が見えてこなくなります。

私はたくさん見てきました。いい方向に行った子も、そうでない子も。

## ていねいに育てれば得意の花が咲く。怒らずに「こうすればいい」を教えましょう

10年くらい前でしょうか。教室で座っていない、ちょっかいを出す、走り回る、しかられると暴れる……そんな男の子とご両親が訪ねてきました。「1週間でいいから、しからないであげてください」と言う私に、お父さんは「しかっても、しかっても、このありさまです。しからなかったらどうなると思うんですか!?」とおっしゃいました。それでも1週間後に再びやってきたお父さんは「血のにじむような努力」をして、しからなかったとおっしゃいました。「こんなにもしかりたい気持ちをがまんするのが大変だとは知りませんでした。私にも息子に似た〝がまんできない特性〟があるのかもしれません」と笑っていました。大したものだと感心しました。

ご両親はその後、本当にしからずに育てていかれたそうです。先日、久しぶりにご連絡をくださったお母さんが、「おかげさまで○○大学の工学部に入りました」と教えてくださいました。誰でも知っている有名大学です。「息子さん、おできになるんですね」と申し上げたら「はい、よくできる子です」とうれしそうにおっしゃっていました。

## 得意と不得意の差が大きい子です。望まない習い事をさせるのは慎重に

得意と不得意の差が大きいぶん、ていねいに育てると得意の部分が大きく

花開く子たちです。だからといって好き放題させろというのではありません。「ダメだ」「やめろ」「いいかげんにしろ」と怒るのではなく、「こうすればいい」と具体的に短い言葉で穏やかに言うのです。まず1週間、しからない努力をしてみてください。

そして、その子がやりたいこと、得意とするものをやらせてあげてください。お母さんは「サッカーなどをさせたほうがいいか」と書いていますが、こういう子は全体を見渡して瞬時に動くスポーツは得意ではないことが多いと思います。野球やバスケットもそうです。体の機能を統合的に使うことも不得手なので、自転車や鉄棒、跳び箱も苦手なことが多いものです。そこは無理強いをしないことです。

こういう子は、大人の冷静な判断力や落ち着き、穏やかさがどれだけあるかによって、その後の成長や能力に大きなちがいが出てくるものです。どうぞ、「自分は宝物を育てているのだ」と、そう思ってお育てください。慎重に、大切に、この子のいいところをちゃんと見てあげてください。そうすればきっと、この子のいい部分が豊かに育っていくはずです。

## 発達障害ってなんだろう？

発達障害の子は幼児期から苦手なことが目立ちやすく、本人も生きにくさを抱えていることが多いものです。一生改善しないハンディキャップではなく、支援のしかたによっては、それがハンディキャップといえなくなることも十分あります。また個人差も大きいものです。代表的なものは以下のとおりです。

### 自閉症スペクトラム（自閉症、アスペルガー症候群など）

対人関係の障害、コミュニケーションの障害、こだわりがとても強いといった特徴が、幼児期ごろからあらわれ始める。知能の遅れを伴うものを自閉症、知能面や言語面で問題のないものをアスペルガー症候群という。ひとり遊びが多く、集団行動が苦手。自分の話したいことだけを話し、会話がつながりにくい傾向も。

### ＡＤＨＤ（注意欠陥多動性障害）

不注意、多動、衝動性が強いという３つの特徴があり、自己コントロール力が弱い傾向がある。学童期の子どもに３～7%存在するといわれ、勝手に席を離れたり、座っていても手足が動いたり、しゃべりすぎたり、整理整頓が苦手で忘れ物や紛失が多いなどの困難がある。多動については成長に伴って落ち着くことが多い。

### ＬＤ（学習障害）

全般的な知的発達には問題がないのに、読む、書く、計算するなどの特定の学習が非常に苦手という傾向がある。２～10%程度の子どもに見られるが、学習面の障害であることに気づかず、「勉強をなまけている」「真面目にやらない」という目で見られることもあるので、学校と保護者とで情報を共有することが求められる。

しつけ　発達障害

Q12

# 発達障害のある子との会話が難しい

［小2男の子、3才双子の母］

小2の長男には発達障害があり、授業に集中できなかったり、感情が爆発しやすい傾向があります。友だちと遊んでいてもトラブルになり、すぐに帰ってきてしまいます。

放課後はだいたいまっすぐ家に帰り、「疲れた」とマンガなどを読みふけり、話しかけても「うん」「そう」くらいしか返事がありません。息子はいまあるアニメにハマっていて、そのことになるとすごくおしゃべりになります。1日に話すことの8～9割はアニメのことです。別の話をしてても、いつの間にかその話に戻ってしまうのです。主人はアニメに詳しいので話が合うのですが、私とは共通の話題がありません。わが子と普通に会話を楽しんでいる人を見ると、うらやましくなります。何を話せばいいかわからない子と、どう向き合えばいいのでしょう。

# A 「普通の会話がしたい」と望んでしまうと子どもに劣等感を与えることになります

長年、講演会や勉強会を日本各地でやっていると、発達障害のお子さんに関する悩み相談は、確実に増えていると感じます。発達障害の子の特性は、87ページをご覧ください。ご相談者のお子さんも、このような特徴をもっていると感じます。

お母さんは、この子の個性を十分に理解して接してあげるといいですね。アニメの話はあまり得意ではないようですが、どうぞ、ゆっくり聞いてあげてください。子どもが話さないときには、黙っていてあげるのがいいのです。そして、話しかけるときには短く、具体的に。注意するときには「○○しちゃダメ」というのではなく「△△するといいね」と、肯定的に、具体的に伝えてください。

「普通の会話をする親子がうらやましい」と書いていらっしゃいますね。おそらく正直な気持ちなのでしょうけれど、それは「男の子ではなく女の子がほしかった」「稼ぎのいい夫をもつ人がうらやましい」というのと同じことです。どんな人でも、もっているものともっていないものがあります。ないものを望まれてしまうと、人は大きな劣等感にさいなまれます。「自分はダメな人間だ」と思い、自信を失い、引きこもったり、乱暴になるなどの二次的な障害をもたらすこともあります。

ご主人とお子さんは、似たタイプなのではないでしょうか。相談者の方はご主人が好きで結婚したのですから、そのときの気持ちや会話を思い出すといいかもしれません。それに、成長に伴って少しずつ、普通に会話ができるようになることも多いものです。

## 家庭の中で会話のルールをつくろう。守れなくてもしからないことが原則です

私の知り合いに、発達障害のお子さんをもつ方がいます。その人の家では、家族でのおしゃべりのときのルールを決めたそうです。こういう子は途中から会話に入るのが苦手ですし、好きなことについて話し始めると止まらなくなります。ですから、「話したいことがある人は、手をあげる」というルールをつくったそうです。手をあげて集団のおしゃべりに途中から入ったり、しゃべりすぎるときにはほかの子も手をあげて「ねえ、話したいんだけど」と言うのだそうです。そして、もしも約束を守れなくても、けっしてしかったりはしないのだそうです。

アニメーションが好きなお子さんなのですね。こういうタイプの子は、視覚的な情報に強い傾向があります。絵画的なセンスに恵まれている人も多いといいます。

どうぞ、わが子の秀でた能力に気づいてあげて、伸ばしてあげてください。きっとほかの子からは得られない、大きな喜びを与えてくれる子に育っていくと思います。

ママの気持ち

発達障害

Q13

# 息子に愛情をもって接することができない

［6才・3才男の子の母］

6才の子どもに対し、愛情をもって接することができなくなりました。息子は発達障害があります。生まれたときから発達が遅く、非常に手がかかり、かんしゃくがひどく、扱いにくい子です。

いままでは、息子に話しかけられてもしゃべりたくなくてうっとうしく、ついつい怒り口調になってしまいます。息子が何かできなかったり、言うことを聞かないと、「あんた、やっぱりおかしいわ」と言ってしまいます。

最近毎日のように息子がかんしゃくを起こすので、大変すぎて、たたいたときも罪悪感がありません。市の保健センターに相談しても、私の気持ちがもち直すことはありませんでした。

# A 子どもがかんしゃくを起こさなくなる方法を真の専門家から学びましょう

6年間、大変な思いをされてきたことと思います。発達障害で育てにくいお子さんを、おそらくはたった1人で（ご主人がいたとしても）支えてこられたのでしょう。「愛情がもてない」「罪悪感もない」と投げやりな口調で書かれていますが、愛情がないお母さんがこの相談室に手紙を送ってくるはずがありません。そんな言葉を言ったり、書いたり、しなくてはいけないほど、追いつめられていらっしゃるのです。

市の保健センターに相談にいらっしゃったのですね。それなのに気持ちに変化が生じなかった。それは、保健センターが必要な機能を果たしていないのです。本当の意味での専門家がいないのです。

まず緊急にしていただきたいことは、本当の専門家のいる機関を訪ねることです。信頼できる機関には、医師、臨床心理士、ソーシャルワーカーが専門チームを組んで親子のケアにあたっているものです。多少遠くても、そのような専門家のいる機関に通い、思っていることをどんどん伝えることです。がまんしてはいけません。どうしてほしいか、どの部分を支えてほしいのか、正直に言うといいのです。正しく対応してくださるはずです。

大事なことは、定期的に通い続けることです。大学病院などに通えない場合は、近くのクリニックなりセンターなりを紹介してもらうことができます。一度行ったら、必ず次の予約をするのです。つながり続けることです。

行動は、できるだけ早く開始してください。このままでは子どもへの嫌悪感が強くなり、親子関係が不幸なものになりかねません。

## アメリカ発の「TEACCHプログラム」というかかわりのプログラムを知っていますか

お子さんは「かんしゃく」がひどいのですね。かんしゃくを起こさないための、具体的なかかわり方があることをご存じでしょうか。

アメリカのノースカロライナ大学が始めた「TEACCH（ティーチ）プログラム」という、自閉症やアスペルガー症候群の子たち向けの指導プログラムがあります。ティーチの理念は、「自閉症の人たちが、自閉症という特性をもったまま、一般の人たちとともに生きていく」ということです。目の見えない人に点字ブロックが必要なように、車いすの人にスロープが必要なように、自閉傾向のある子にもふさわしい環境が必要なのです。

環境を変えるとは、コミュニケーションのとり方を変えるということです。

専門家を訪ねると具体的に教えていただけると思いますが、たとえばこんなことです。
　発達障害の子の多くは、話し言葉を理解するのが苦手です。子ども自身はペラペラよく話していても、耳で聞くのは弱いのです。逆に、文字や絵で伝えられたことは理解しやすく、見たものについての記憶も強いのです。
　絵カードなんか使うと、おもしろいほど通じますね。何度声をかけても黙々と遊んでいる子に、お茶碗とおはしの絵を描いたカードを見せると、すっと食卓にやってきて驚いたという声をたくさん聞きます。

## 子どもへのかかわりを変えると難しい子育てに光が見えてきます

口数の多い育児は、よくないのです。具体的でないのもよくありません。「なんでこんなこともできないの。ちゃんとしなさい」なんて、どれだけ言っても伝わりません。「散らかさないで」と言うのではなく、「脱いだ服は全部もっていって洗濯機に入れようね」と言うのです。否定ではなく、肯定的に。あいまいではなく具体的に。感情的ではなく、穏やかに。一度に言うのではなく、何度も繰り返すのです。

この子に変わってもらうのではなく、周囲が変わるのです。お母さんがますます大変になると思われるかもしれませんが、そうではありませんよ。車いすの子のために家をバリアフリーにするのだと考えてください。

発達障害の子は正直で素直ですから、特性に合った穏やかな育て方をすればこの子のよさや、かわいさも存分に発揮されるはずです。

悪いのはお子さんでも、お母さんでもありません。専門家の知恵が不足しているだけです。どうぞこれ以上、ご自分とお子さんを責めないでください。

## 発達障害の子の特徴を知ろう

発達障害の子は、発達が人より遅れているわけではなく、発達にデコボコがあるのです。得意なことは人よりすぐれていますが、弱点も人より目立つ傾向があります。以下のような特性があることを理解して育てると、無用ないらだちをもたずに子育てができるのではないかと思います。

### 見て学ぶほうがすぐれている

一般的な子どもは「見て」「聞いて」学びますが、発達障害の子は見て学ぶ能力が高く、聞いて学ぶこと、つまり見えない情報から意味を受けとることが苦手です。集団行動の多くは、言葉による指示なので苦労します。一方で、視覚情報を得るという点ではすぐれていますから、アニメーションに詳しい、絵を描くことが得意、などということも多いものです。

### 比喩や抽象を理解しにくい

私たちは日ごろから、他者の気持ちや場の空気を読みながら人づきあいしていますが、発達障害の子はそれが非常に苦手ですし、そのような場にいると疲れます。親からの指示も「いいかげんにしなさい」「ちゃんとして」などという抽象的な言葉は理解しにくいものです。「手をおひざに乗せて座っていようね」と、すべきことを具体的に伝えて。

### 1つのことに集中して楽しむ

2つのこと、3つのことを頭において動くことが苦手なので、鬼ごっこなどの集団遊びはあまり楽しめません。「鬼の動き」「味方の動き」を判断して「自分はどう動くか」をいっぺんに考えなくてはいけないからです。逆に、1つのことに集中できるジグソーパズルやトランプの神経衰弱などは得意な子が多いようです。

ママの
気持ち

発達障害

Q14

# 軽度のアスペルガー症候群の子をどう育てる?

［小2男の子、3才女の子の母］

息子は幼稚園のころアスペルガー症候群という診断を受けましたが、成長につれて軽度になってきたため、臨床心理士さんと相談のうえ、周囲には公表せず、学校にも「季節休みに発達の受診をしています。○○が苦手な子です」というようにお願いするにとどめています。

普通学級に在籍していますが、一斉指導の指示が通りにくいことはあるものの、悪態をつくなどの行動はなく、学力も高めで、友だちもいます。最近は私を通さず友だちと約束することもあり、少し前までは欠かさなかった「予告」「フォロー」ができにくくなってきました。息子も私が段取りすることをうっとうしく感じてきているようです。

とはいえ、まだまだ空気が読めず、次に何をするか気づけず、自分の話したいことだけ話すという部分は変わっていません。

ご相談したいのは、このような障害を抱えながら、難しい年ごろを迎える息子に、どのような気持ちで向き合えばいいのかということです。これまでどおり、ひとつひとつ親が確認していくべきなのか、ある程度は少し引いて、自分で折り合いをつける方法を学んだほうがいいのか、ぜひアドバイスをお願いします。

# A アスペルガーでもそうでなくても親は子どもの後ろで支え、応援するのが仕事です

アスペルガー症候群とは、知的な遅れがなく、おしゃべりも自由にできる自閉症のことをいいます。普通学級に通うお子さんも多いため、対人関係やコミュニケーションでほかのお子さんとトラブルが起きることもあります。でも、このお子さんは学校で楽しく過ごしていらっしゃるのですね。お母さんはアスペルガーへの知識も豊富なようですし、本当にがんばってこられたのだと思います。そのような方だからこそ、大事なことを申し上げます。

アスペルガーの子でも、そうでない子でも、成長すると「できること」が増えていきます。親は「こんなことも、あんなこともできるようになった。だから、アスペルガーは軽くなっている」と思いたくなります。しかし、空気が読めない、相手の考えていることを察知できないというアスペルガーの特徴は、大人になってもあまり変わらないのです。「できることが増える」

ことと、「アスペルガーが軽くなる」のは別なことだと理解してください。

## どんな子でも、親の意のままに動くことに抵抗を感じる時期がやってくるものです

この方は「今後の子どもとの向き合い方」について質問されていますが、「アスペルガーがよくなる。軽度になる」という変化に期待を寄せるのではなく、この子がこの子のままで幸せでいられることを、いちばんに考えてほしいと思います。もし親が「ここさえ直せば、この子は普通の子と同じだ」「苦手なことを努力や訓練で解消させよう」という気持ちになってしまうと、子どもは苦しみ、親との関係をわずらわしく思うでしょう。「苦手を克服させたい」と願う親の気持ちの切実さはとてもよくわかります。けれどその思いを極力見せないようにして、得意なこと、好きなことを伸ばしていくように応援してほしいと思います。

アスペルガーの子というのは、能力的に劣っているのではなく、能力にデコボコがあるのです。苦手があるぶん、得意も突出しているものです。そこをちゃんと見てあげれば、本当の意味で大成すると思います。子どもの得意なことが親の希望する進路とかけ離れていたとしても、親の希望を押しつけるのではなく、子どもの希望に寄り添ってください。

残念ながら発達障害の有無にかかわらず、多くの親は自分の希望に子どもを添わせようとします。それで、思春期の親子関係はうまくいかなくなるのです。そこをどうぞ忘れないでください。

このお母さんは「予告とフォローができにくくなった」と書かれていますが、「親が期待する結果になるような予告」や、「親が期待しない結果へのフォロー」になっていないか、どうぞ見直してみてください。お母さんはもう、前に立って子どもを引っぱるのではなく、後ろから押してあげる時期に入ったのです。やるべきことや、行きたい方向は子ども自身が決めるのです。親はそれを応援してあげて、道を踏みはずさないよう後ろから支える、そんなイメージでいるといいですね。

## アスペルガーであることをどう本人に伝えるのか、ていねいに考えてみてください

お子さんがアスペルガーであることを学校やクラスメイトに伝えるかどうかは、親御さんのお考えでいいと思います。話しても、話さなくても、私はかまわないと思います。でも、お子さん本人には伝えたほうがいいかもしれません。

私の友人にアスペルガーのお子さんをおもちの方がいるのですが、その方

は、息子さんが小学校に入るときに本人にアスペルガーであることを伝えたそうです。二度目は小学校高学年のときに、そして20才の誕生日のときにもう一度言ったそうです。その年齢に合わせて言葉を選び、20才のときには「もうこれで最後にするからね」と、ていねいに話したそうです。

「きみは、こういうことはできるでしょう。こういうことは得意でしょう。でも、こういうことがわからなくて困ることがあるでしょう。でも、得意なことは人よりずっとすぐれているんだから、そこを伸ばしてほしい」、と言ったそうです。私もそれはとても重要なことだと思います。

そのお子さんはいま、コンピューターを使った仕事をしているそうです。「世界中にはさまざまな仕事があるけれど、いちばん好きでかけがえのない仕事にめぐりあえた」と言っているそうです。会社の人間関係にも恵まれているのでしょうね。そのような、得意な分野の仕事につけるよう、どうぞお子さんの「得意」「好き」を見つけ、伸ばしてあげてください。

佐々木正美先生の

# こころの処方箋

## 孤独に子育てしてはいけません

発達障害のある子をもつお母さんほど、多くの人とかかわってほしいと思います。

「○○ちゃんにはこんないいところがあるよ」と教えてくれるママ友だち、ともにチームを組んで子どもの生きづらさを支える学校の先生や保育士さん、具体的にどうかかわればいいかを教えてくれる専門家や臨床医、そしてママの気持ちを受け止めてくれる友人や家族。

お母さんが笑顔でいるためにも、孤独に子育てしてはいけません。

Part 4

# 友だちの中で育つ

## どんな子とでも自由に たくさん遊ばせましょう

子どもの友だちにも
いろいろな子が
いるものなのです

友だち関係　自尊感情

Q15

# 友だちの輪に入れてもらえないようです

［4才女の子、2才男の子の母］

娘は自分から積極的に遊びを提案していくタイプの子ですが、ほかの子が先に遊びだしたことには、プライドがあるのか、自分からは「入れて」と言えません。「入れてって言えば？」と促すのですが、私に言われるとかえって入ろうとしなくなります。

こんな性格のためか、幼稚園がいっしょの近所のお友だち2人から仲間はずれにされているようです。公園で遊んでいるとき、娘が話しかけても聞こえないふりをしたり、おままごとをしても役をもらえません。娘がよそへ行っているときに、2人が娘にはごはんを作らせないようにと話し合うのを耳にしました。理由を聞いても返答はなく、私が「仲間に入れてあげてね」と言うと「ダメ」と言います。この子たちのために、園でも娘が仲間はずれになったらと心配です。娘や2

人の子に、私が言ってあげられることは何でしょう。

## A まだまだ人間関係の勉強を始めたばかり。いい人間関係を築く親の姿を見せてあげましょう

まず言わせていただくのは、このお子さんも、2人のお友だちも、まだまだ人間関係の勉強を始めたばかりの4才児だということです。人と上手につきあえるはずなどありません。「仲間に入りたいけど入れない」「きつい言葉で友だちを仲間はずれにする」というような経験を繰り返し、だいたい小学校を卒業するころにやっと、多少友だち関係がうまくなっているものなのです。ですから、親がどんなに大人目線の助言をしたとしても、うまくはいきません。子どもの人間関係に親が直接入り込むことも、避けたほうがいいと私は思います。

お母さんにできることは、ご自身の「人とのかかわり方」を、日々見せてあげることです。子どもというのは、親の「言葉」ではなく「行動」から学びます。人づきあいというのは、その最たるものです。

まずひとつは、親戚やご近所やママ友だちに、お母さんがどのように接しているかを見せることです。どんなふうに話しているか、笑顔を向けているか、その姿を見ながら、子どもは「人の輪に入るときの心理的な距離の縮め方」のようなものを学ぶのです。

もちろん個人差はあって、親がどんなにオープンでも、不安を感じてしまう子はいるものです。そういう子でも、親の人間関係を見ながら「こうすれば大丈夫」と安心できるようになっていくのだと思います。

もうひとつは、お母さんとわが子とのかかわり方です。子どもはみな、多少なりとも「自分の気持ちが友だちに受け入れてもらえるか」という恐れをもっています。それでも、「きっと大丈夫」と自分を信じて人の輪に安心して入れるかどうかは、家庭での日々の会話にかかっています。とくにお母さんとの会話です。「うれしい」「悔しい」「今日は○○が食べたい」という素直な思いを口にしても、否定されない、受け入れてもらえるということが当たり前になっていれば、その安心感を胸に友だちの輪にも入っていけるのです。

## プライドが高い子なら自尊感情を傷つけないよう言葉かけに気をつけて

このお子さんは「こんなことしたい」「あんなことしたい」という思いが強い子なのですね。だからこそ、自分からは遊びが提案できるのに、すでに始まっている遊びに途中から参加するのは苦手なのです。その場のムードに合わせなくてはいけませんからね。

お母さんの言うように、「断られたら悔しい」というプライドもあるのでしょう。でも、プライドが高いのは悪いことではなく、向上心や向学心はみなプライドがあるから生まれてくるものです。この子の高いプライド、つまり自尊感情を大事に育ててください。具体的には、「こんな子であってほしい」という親の願いを押しつけないこと、そして、しかるときに自尊心を傷つけるような言葉を使わないということです。

いつかきっと、途中からでも上手に遊びに参加できるようになります。それがいつなのか、楽しみに待っているといいと思いますよ。

発達障害　友だち関係

# Q16 行動の遅い娘に「勝った」と自慢する友だち

［小1・小5女の子の母］

小1の娘はのんびりした性格で、行動も遅く、かけっこもいつもビリですが、本人は気にしていません。発達障害もあるので、娘のペースでのんびり成長していければいいいと思っています。

ところが、幼稚園からの仲よしのAちゃんは、さまざまな場面で娘と競争したがるのです。登園の時間、食事のスピード、着替え、自転車に乗れるかどうか……。そのつどAちゃんは「勝った！」と私にアピールします。Aちゃんのお母さんには、娘に発達障害があること、「あめ玉を使う1＋3もできなかった」ということなどを話したのですが、それを聞いた数日後にAちゃんはいきなり「たし算できるよ」と自慢を始めました。

小学校に入ってすぐに私も限界になり、Aちゃんのお母さんに「競争は、うちの子とはやめてください」とメールでお願いしました。おわびのメールがきましたが、お母さんには避けられています。子どもは仲よしのままですが、最近、娘がずっと続けているスイミングスクールにAちゃんも入会しました。ここでも「勝った」と言われるかと思うと気が滅入ります。

## A 不幸なのはお友だちのAちゃんのほうです。勝たなくても、遅くても、幸せな子がいいですね

このお母さんは、上手に子育てをされていらっしゃると感じました。発達障害のあるお子さんを「このままでいい」と育てるのはとても難しいことですが、お子さんは「遅くても気にしていない」のです。すばらしいですよ。どうぞいまのまま「勝った、負けた」の世界に入れないであげてください。

発達障害のある子が普通学級で過ごす場合、たえず「ほかの子のようにできない」という場面に遭遇します。ほかの子に何か言われることもあるでしょう。けれど、お母さんが神経質にならず、喜んだり悲しんだりせず、「この子はこの子のままでいい」と思っていれば、子どもも大丈夫なのです。

一方で、気の毒なのはAちゃんです。人は大人になればなるほど、小さな勝ち負けは意味をなさなくなりますが、それに気づかず、勝ち負けに長くこだわり続けると、不幸な人生を送ることになります。永遠に勝ち続けることなどできませんから、いつかは負けるときがくるからです。

人にはそれぞれ走るスピードがあります。ゆっくり歩きながら道端の幸せを拾い集める人もいれば、速く走ってヘトヘトになって心を病む人もいます。自分が幸せになれるペースを見つけることが大事なのです。

## 学校生活で優劣をつきつけられても「あなたはダメじゃない」と親がはっきり伝えて

しかし、学校という場には、勉強だけでなく、さまざまな場面で比較が生まれます。それは、発達障害であろうと、健常であろうと同じです。各地で起きているいじめ事件を見ると、いじめっ子のリーダーには「よくできる子」が少なくありません。成績がクラスでトップだという子や、非常にスポーツができる子が中心になっています。こういう子がわざわざ陰湿ないじめをするというのは、いったいどんなプレッシャーの中で育てられてきたのかと思います。ほかの子と比べられながら育つ子は不幸です。負けても不幸ですが、勝っても不幸なのです。

これから成長するにあたって、友だちに意地悪を言われて傷つくこともあるかもしれません。そんなときは、はっきり言ってください。

「あなたはちっともダメじゃないよ。お母さんはあなたをダメな子だなんて思ったことは一度もない。あなたはママの宝物。いつもいちばん、あなたがいちばん。いちばんかわいい」と。

どんな言葉がふさわしいかは、お母さんがよくご存じだと思います。思いをこめて励ましてください。

発達障害のある子は、できることとできないことの差が大きいものです。「できないことはできなくていい」「できないときは手伝ってあげる」という姿勢をもち続けてください。そして「できることは何か」「得意なことは何か」「好きなことは何か」が重要です。お母さんはそこをちゃんと理解し、認めてあげてください。そしてたくさんかわいがってあげてください。

Q17.

# 価値観のちがう家庭の子とどうつきあわせる？

［小3・小1男の子の母］

幼稚園では、似たような考え方のママが多かったような気がします。けれど、小学校に行くようになり、親の考え方のちがいや、生活のちがいがくっきりしてきました。母親が働いている家庭も多く、普段子どもだけで家にいる子が遊び場を求めて勝手にわが家にやってきたり、親から渡されたお金でおごってくれたり……。

すべてが「悪いこと」とはいえませんが、生活上のルールやお金の使い方などに、親が責任をもっていないように感じられる子もいます。見ていても「野放しにされている子」という印象があります。

息子も小3になり、親が子どもの行動すべてを見張ることはできません。よいことも悪いことも友だちから学ぶようになります。どうやって見守っていけばいいのでしょうか。

# A 本当の意味で深くつきあえる相手はお母さんの価値観に合う子だと思います

小学校には、いろいろな子どもがいます。乱暴な子、おとなしい子、運動が得意な子、勉強が得意な子、勉強嫌いな子……。さまざまな子と交われることこそが、小学生の特権であり、小学生のすばらしいところです。どの子にもいい面と悪い面があり、子どもたちはそこから何かを学び、自分もまた教えるのです。著名な心理学者や精神科医は、みんな言っていますよ。子ども時代の雑多な人間関係の中で、人は社会性を身につけるのだ、と。

しかし、思春期以降になるとちがってきます。「類は友を呼ぶ」といいますが、価値観、趣味、話が合う友だちとしか交わらなくなるのです。そのとき、友だち選びの基準になるのは「親の価値観」です。自分の両親のもつ文化や考え方を基準にして、子どもは友を選びます。それは絶対にそうなのです。

このように人を見る目が養われるのは、児童期にさまざまな子どもたちと触れ合うからです。それが大人になったとき、価値観が合わない相手とでも交われる能力の基礎にもなります。

ですから、どんな友だちもすべて大切です。「どの子と遊んではいけない」

なんていうことは言わなくていいし、言ってはいけないのです。

ときには、親が眉をひそめるような行動をとることもあるでしょうし、お金の使い方で友だちの影響を受けるようなこともあるかもしれません。そんなときは、「そんなふうにお金を使うのはいけないと思う」と言ってかまいません。ほかの子がいくらお金を使ったとしても、それはその家の価値観の問題です。けれど、わが家はわが家。しかるのではなく、穏やかに、しっかりと「わが家の価値観」を伝えることです。方針が定まっていないなら、すぐにでも夫婦で話し合って決めましょう。あいまいにしたまま、「価値観のちがう子とはつきあわせない」と引き離すことが、いちばんいけないのです。

## きれいなものも汚いものも、全部拾って帰っておいで。いいか悪いかは家で親が教えてあげる

いま、日本ではおびただしい数の人が引きこもっています。せっかく就職しても、2~3年で辞めてしまってまた別の仕事を探し、定職につけずにいる若者もたくさんいます。

彼らは、仕事ができないから続けられないのではありません。人間関係がつくれないのです。就職したばかりの新入社員は、仕事ができなくて当然です。それでも、先輩に教えてもらい、新人が入ってきたら教えてあげるという、人間関係の中で仕事を続けていくものなのです。でも、それができない。

結局それは、子ども時代の人間関係の絶対量が不足しているからだと私は思います。社会にはいろいろな人がいます。親が求める品行方正な子とばかり遊んでいたのでは、品行方正な人が集まる場所でしか働けません。

文面を読むと、この方はご自宅をさまざまな友だちに開放して遊ばせているのですね。これはとてもすばらしいことだと思います。この姿勢をどうぞ貫いてください。そして、「きれいなものも汚いものも、全部拾って帰ってきていいよ。いいか悪いかは、親が、家で、しっかりと教えてあげるからね」と、そのような姿勢でいるといいですね。

友だち関係

Q18

# 問題の多い近所の上級生女子をどうしよう

［小1女の子、1才男の子の母］

娘の入学に合わせて、いまの家に引っ越してきました。お向かいの3年生の女の子は毎朝「いっしょに行こう」と誘いに来て、朝のうちに「帰ったらいっしょに遊ぼう」と娘を誘い、公園などに遊びに行きます。近所にもう1人の1年生の女の子もいて、その子もいっしょです。

最初のころは娘もとても喜んでいたのですが、娘は最近とても憂うつそうなのです。その子は気に入らないことがあるとすぐに怒り、1年生2人にとことん謝らせるのだそうです。しかも、娘のシール帳のシールや、かわいいメモ帳などを「ちょうだい」と何枚もとってしまうと言います。

娘は、1年生の子と2人で遊びたいと言います。でも、その子にはほかに友だちがいないのか、うちの子と毎日のように遊びたがるのです。家がすぐ近

くなので、ウソをついて断ってもばれてしまいます。

## A　3年生の子を自宅に招き入れましょう。相手の親の前で悪さはできないものです

相談者の「こんな子とは遊ばせたくない」というお気持ちもわかりますし、お子さんも楽しくはないようです。けれど、私はあえて「この子を受け入れてみてはいかがですか」とお伝えしたいと思います。

なぜかというと、小学校時代にはできるだけ多くの友だちと交わることが必要だからです。理想を言えば、どんな子とでも友だちになれ、おしゃべりし、楽しい時間を共有できることがいいのです。乱暴な子、自分勝手な子、内気な子、年齢のちがう子、どんな子からも学ぶことがあります。この時期に友だちから得た「学び」が、将来社会に出たときにどれだけ役に立つか、計り知れないほどです。ですから私は、この3年生のお子さんを拒絶しない方向でのアドバイスをさせていただきます。

まず提案したいのは、このお子さんを自宅に招くことです。どんな子でも、相手の家で遊ぶときには多少の節度はわきまえるものです。もしその子がきつい言い方をしたとしても、お母さんが「そんなふうに言わないでね」と言うこともできますね。よその子でも注意していいんですよ。

シールなどを持っていってしまった場合には、次に来たときに「この前のシール、返しといてね」と言いましょう。しかるのではなく、「こうしてね」とやさしく穏やかに言うのです。ここが大事です。そしてその子のいい面を見つけたら、たくさんほめてあげてください。少しずつ、行動が変わってくるのではないかと思いますよ。

欲を言えば、もう少し人数がほしいところです。１年生の子がもう１人いるようですが、３年生の子もいるともっといい。３年生の子に「友だちも連れておいで」と言ってみましょう。２年生の子でもいい。ご近所に小学生がいるのであれば、声をかけてみてはどうでしょう。

「毎週、月曜日と木曜日はうちに来ていいよ」というように決めて、その日は数人の友だちが家でわいわい遊べるといいのです。特別な準備などせず、飲み物とちょっとしたお菓子を用意して、家の中でも外でも自由に行き来できるようにするといいですね。そうするうちに、３年生の子のおうちからも招かれるかもしれません。そうしたらぜひ、行かせてあげてください。

## 相手の子のお母さんと親しく交わることも大事。子どもの態度が変わってきますよ

そしてもうひとつ大事なことがあります。相談者の方ご自身が、相手のお母さんと仲よくされることです。道で会ったときに軽く立ち話をするとか、到来物のおすそ分けをするとか、旅行のちょっとしたお土産を渡すとか、そんな姿を見せることで、子ども同士の関係は確実に変わっていくのです。お互いの家を行き来できるようになると、さらに変わっていきます。

「この子はこういう子」と視野を狭めないでください。人は誰でも、いい面ばかりではありませんし、悪い面ばかりでもありません。悪い面だと思っていたものも、ちがう場面ではいい面になることも多いものです。広くたくさんの子とかかわらせることが、わが子の成長のためにとてもいいことだということを忘れないでください。

ひとりっ子　友だち関係

Q19

# ひとりっ子なので ひとり遊びばかりです

［小3男の子の母］

8才のひとりっ子の男の子の育て方で迷っています。息子が小学3年生になったため、少しずつ子育ての手が離れてきました。私自身、自分の世界や趣味を楽しむことができるようになったと感じます。

ただ、そのせいで息子がひとり遊びをする時間が長くなってきました。テレビゲームをする時間が長くなり、夫の携帯電話やパソコンの無料ゲームもやります。テレビもずっと見ています。本もよく読みますが、これらはすべて受け身の遊びですよね。

きょうだいがいればまたちがうのでしょうけれど、どんどん内にこもってしまうような子になりそうで心配です。本当は私が外に連れ出せばいいのかもしれないのですが、なかなかできません。

ひとりっ子の育て方と、親の役割を教えてください。

# A ひとりっ子でもそうでなくても小学生時代は友だちとたくさん遊びましょう

ひとりっ子にはひとりっ子のよさがあります。私はよく、複数の子をもつお母さんにこう言います。「子どもが何人いても、〝ひとりっ子の時間〟を必ずつくってください」と。子どもにとって、お母さんをひとり占めしてゆったり過ごす時間は、心の安定にとても重要です。何か学校でつらいことがあったときも、そんな時間に話すこともできるでしょう。

逆にひとりっ子には、親が意識的に「きょうだいのような存在」をつくってあげる必要があると思います。いとこなどの親戚や、仲よしのママ友の子など、親同士が親しければ親しいほど、子ども同士も親近感をもち、きょうだいのようにかかわることができるのです。

この方は「私が外に連れ出せばいいのだと思う」と書いていますが、お母さんと子どもの２人だけで遊ぶのではなく、どうぞ子どもの友だちもいっしょに連れ出してください。できればそのご家族も。甥っ子、姪っ子、いとこの子どもなどでもいいですね。家にお友だちを呼んで、自由に遊ばせるだけでもいいのです。週１日でもいいので、そんな日をつくってください。

## 友だちから学び、友だちに教える。それが児童期の最重要課題なのです

きょうだいの有無にかかわらず、児童期の子どもは同世代の仲間とたくさんのかかわりをもたなくてはなりません。高名な発達心理学者のエリック・エリクソンは、「児童期（前思春期）の子どもの重要な発達課題は、友だちから学び、友だちに何かを教えることだ」と言っています。それが大人になったときの「社会的勤勉性」の土台になるというのです。

「社会的勤勉性」とは、人と交わりながら、社会に価値を生むように自分の力を発揮できることをいいますが、その土台をつくるのが「児童期の友だちとの遊び」なのだとエリクソンは言っていますし、私も心からそう思います。友だちと遊べば遊ぶほど、人生をいきいきと歩む人になれるのです。

しかし残念ながら、いまの日本ではそれが決定的に不足していると思います。引きこもりやニートの存在が、それを物語っています。彼らは勉強ができないわけではない。運動が苦手なわけでもない。人とうまくかかわることができないのです。人間関係を自然に豊かに営む力が育たなければ、社会に出たときにつまずいてしまうのです。

本を読むこともパソコンを操作できることもいいことです。しかし、それ

だけで子どもの社会性は育っていきません。
「友だちと遊ぶかわりに、野球チームやサッカー教室に入れる」という方もいます。それ自体はいいのですが、遊びのかわりにはなりません。草野球であれば、「○○ちゃんは小さいから、三振ナシね」などのルールを自分たちでつくったり、うまい子が下手な子に教えてあげるような場面がありますが、コーチや監督が指示して、勝つことが第一になってしまうと、子ども同士の学び合いはなくなってしまいます。

子どもが小学生になったら、親はどうぞ、友だち同士で遊べるような環境をつくってあげてください。きょうだいがいても、いなくても。

学校生活　いじめ　乱暴な子

Q20

# いじめられている息子に親ができることは？

［小3・小1男の子の母］

小3の息子はおっとりした穏やかな子ですが、半年くらい前から弟に意地悪したり、激しくわがままを言うことが増えました。よくよく聞いてみると、クラスの男子にいじめられているようです。行動が遅いことで押されたり蹴られたり、殴られたりすることもあるようです。腕に大きなあざがあるのですが「これはもうすぐ死ぬ印」と言われたそうです。

中心になっている子は学校のサッカーチームで活躍している人気者のAくんです。ほかの子のママからAくんのママにそれとなく話してもらったのですが、「先生から聞いてAを厳しくしかった。普段から、いけないことをしたら殴ってでも蹴ってでもしつけている」と言ったそうです。でも、逆効果のような気がしてなりません。

担任は新任の先生で、対応もその場しのぎに見えま

す。息子を支え、学校生活を楽しいものにするために親にできることを教えてください。

## A もしもいじめられているのが私の子どもなら先生に「Aくんに目をかけてください」と頼みます

校内暴力の件数は年々増加しています。小学校、中学校、高校のいずれも増加していますが、とくに小学校低学年の子の暴力が増えていることが特徴とされています。

友だちに暴力をふるう、友だちをいじめるという事件が起こると、先生の指導力だとか、子ども同士の人間関係が取りざたされます。しかし、もっとも重要なことは親子関係です。

あえて言わせていただきますが、いじめっ子はほぼ例外なく、親子関係になんらかのストレスを抱えています。親が虐待しているとまではいかなくても、親子の人間関係がうまくいっていない。だから学校という場でも健全な人間関係をつくれずにいるのです。

しかし、家庭の問題に足を踏み入れることは非常に難しいうえに、いじめっ子の親自身も十分な愛情を注がれずに育っている場合が少なくありません。

だからこそいじめ問題は根深いのです。いじめはかかわる子どもひとりひとりの家庭環境が大きく関係してきますので、今回はあえて「もしも私の子どもがいじめられていたら、私ならどうするか」という前提でお話ししたいと思います。

## 担任の先生にまずは相談します。こらしめるためでなく彼の心を安定させるために

私なら、わが子が転校したい（あるいは転校させたほうがいいと親が思う）なら、転校させます。逃げる・逃げないではなく、子どもにとってよい環境を探すことはとても大事だからです。

このまま学校に通わせるのであれば、必要に応じて学校を休ませつつ、学校の先生と話し合いをします。

まず担任の先生に、「いじめっ子のAくんに十分に目をかけてあげてください」とお願いします。この子はこれまでにも、さんざんしかられています。親からは殴られてまでしかられているのです。この子にいま必要なのは、精神の安定です。善意や好意や愛情です。それを担任の先生に注いでもらえるようお願いします。たとえば彼に用事を頼み、「力持ちだから助かるよ」などと、ほめてあげる場面を多くつくってもらいます。

Column

# よその子の「いいところ」を見つける

子どもが幼いころ、わが家にはいろんな子が遊びにきていました。子どもが3人いるうえに、友だちのきょうだいもいっしょに来るので、男女もごちゃまぜです。あるとき、わが家の冷蔵庫を勝手に開けてしまう女の子がいました。家内は、「この冷蔵庫はおばちゃんちのだから、勝手に開けるんじゃなくて、ほしいものがあったら言ってね。もしなかったら、次までに買っておくから」と言ったそうです。しつけがあまりされていない子でしたが、「ヨーグルトがほしい」「ジュースが飲みたい」と言うようになり、冷蔵庫は開けなくなったそうです。

自立心のある子だったようで、遊んでいる途中で雨がふってきたとき、この子だけが「おばちゃん、洗濯物ぬれちゃうよ」と教えてくれたそうです。家内は「そんなこと言ってくれたのはあなただけだよ」とほめてあげたそうです。その後、この子のご両親が離婚して祖父母に引きとられることになったのですが、引っ越しの日にわざわざおばあちゃんといっしょに挨拶に来てくれました。うれしかった、と家内は言っていました。どんな子にも、いい面があります。それがわが子にきっといい影響を与えると、家内も私も思っていたのです。

「なぜいじめっ子にやさしくしなくちゃいけないの？」と思うかもしれませんが、いじめている子が不安定でストレスがたまっているうちは、問題は解決しないからです。幼児教育の現場では、友だちに乱暴する子がいたら、真っ先に乱暴した子を抱きしめてあげるというやり方が効果をあげています。そうすることで、園内の暴力が減っていくことが実証されているのです。

また、いじめはクラス全体の問題なので、保護者会で議題にしてもらいます。教室内にいじめがあることを知らない保護者もいますから、事実を共有化し、各家庭でわが子に対して「友だちに暴力をふるうのはいけない」「身体的な特徴をからかってはいけない」と伝えてもらえるといいと思います。

さらに、状況を見ながらですが、学校の先生からAくんの親に「殴ってでも蹴ってでもしつける」という方法をやめてもらうようお願いします。このしかり方は決定的にまちがえています。暴力の連鎖を生むだけです。ただ、先生とAくんのお母さんの間に信頼関係がないと「おまえのせいで私が恥をかいた」と、Aくんがまた殴られることになる可能性があり、十分な注意が必要です。

## 親にできることは小さなこと。それでも、前向きに変化するきっかけになると信じて

家庭では、わが子の話を十分聞いてあげたいと思います。とはいえ、「今日どうだった？」とストレートに聞くのは控えます。

学校から帰ってきたら、おやつを用意して、いっしょに食べながらおしゃべりをするのです。そのときに、子どものほうから学校でのことを話してきたら聞いてあげます。「聞き出す」のではなく、子どもが本音で物を言える状況をつくるということです。

そのためにも、このような問題が起こる前から、子どもが話しかけてきたときには、少しだけでも手を止めて聞く、子どもの意見を頭ごなしに否定しない、という習慣をつけておくといいですね。

そして、私だったらAくんに「家に遊びにおいで」と声をかけると思います。彼と自分の子を連れて、休日に遊園地やサッカーの試合を見に行くこともすると思います。もちろん、しかったりすることはしません。

できるなら、Aくんのお母さんとも親しくなれるように工夫してみます。学校のお母さんの間でいい人間関係をつくることが、遠回りでもいい効果をもたらすことになるからです。

親にできることは、小さなことだけです。

けれど、Aくんと、Aくんのお母さんが安定すれば、ゆっくりであっても事態は解決の方向に向かうと信じて、私なら動いていくでしょう。

佐々木正美先生の

# こころの処方箋

## 家を開放して
## 近所の子どもを招きましょう

週に1回でもいいので、家を開放して
自由に友だち遊びのできる日をつくりましょう。
ちょっとしたおやつと飲み物くらい用意して、あとは自由に遊ばせるのです。
そのうち、ほかのおうちから「わが家へもどうぞ」と誘われるかもしれません。
いろいろな子と交わっていく中で、子どもの社会性が磨かれますし
お母さんもその様子を身近に見ることができますね。

Part 5

# 上の子の気持ち

## 上の子を十分に甘えさせていますか?

上の子が
お兄ちゃんお姉ちゃんらしい
行動をとれなくなっていたら

きょうだい関係

ほめる

Q21

# 赤ちゃんが生まれてから、上の子が乱暴に

［2才7カ月・10カ月女の子の母］

長女はとてもやさしい子です。甘えん坊ですが、言いたいことははっきり言うところも「かわいいなぁ」と思っていました。

でも、下の子が生まれてから、言葉づかいが乱暴になり、下の子をたたいたりするようになりました。また、以前より物事をはっきりと言わなくなり、もじもじするようになってしまったのです。

来年から幼稚園なのに、お友だちと仲よくやっていけるのか、人とうまくやっていけるのか、心配でしょうがありません。

私に対しても、「ママー」と昔のようになついてくれなくなりました。下の子ができて、なかなかかまってあげられなくて、あと回しにしたりしているから、ママが嫌いになったのでしょうか。上の子と下の子を育てるときに、こうすればいいというアドバイスがあれば教えてください。

## A お母さんが大好きでたまらないからこそ悲しくて、腹が立って、意地悪になるのです

「ママが嫌いになっちゃったのかな」と書いていらっしゃいますが、とんでもありません。嫌いだったらこんな態度はとりませんよ。ママが好きで好きでたまらないからやるのです。これまで2年近く、ずっと自分だけに注いでくれていた愛情が、新参者の妹に奪われたと感じて、この子は怒っているのです。恋愛よりもっと深い、命がけの愛をお母さんに注いでいるからこそ、激しいヤキモチを焼いているのです。

下の子が生まれると、必然的にお母さんの愛情は二分されます。でも、上の子は「半分」とは思わないのです。8割くらい、あるいはほとんど全部、もっていかれたと思うものです。

おかしなたとえですが、夫に愛人ができたとき、愛情の「半分」をもっていかれたと思う妻はいません。夫の愛が全部奪われたと感じます。このお子さんも同じなのではないでしょうか。「赤ちゃん返り」と「乱暴な行動」は、典型的な欲求不満のあらわれです。

では、どうすればいいのかというと、「なんでも上の子からしてあげよう」

という気持ちで接することです。お風呂に入るのも、遊んであげるのも、上の子が先です。たったこれだけです。

たとえば赤ちゃんがワーッと泣いたとしますね。多くのお母さんは「赤ちゃんが泣いたから待ってて」と上の子をおいて赤ちゃんのところに行きますね。でもそうではなく「お姉ちゃん、ちょっと手伝ってくれるかな」と上の子といっしょに様子を見に行くのです。何も役には立ちませんよ。でも上の子を姉として「立てて」あげるのです。もし上の子が「いやだ。ママ行かないで」と言うのであれば、赤ちゃんを多少泣かせていいんですよ。でも、お母さんに「立てて」もらえた子は、「赤ちゃんのところに行ってあげて」と言うでしょう。こうなれば最高です。お母さんは「さすがお姉ちゃんだね」とほめてあげられますし、上の子も自信をもつことができるでしょう。

## 「お姉ちゃんだからがまん」ではなく「お姉ちゃんはすごいね」と言ってあげましょう

このお子さんは、「もじもじして」「物事をはっきり言わなくなった」という面もあるようですね。このような行動は自信のなさや、自己肯定感（自分は自分のままで十分愛される価値があるのだという気持ち）が低くなっているあらわれでもあります。

ですから、上の子には小さなお手伝いをしてもらうのです。お母さんの助手のように。「本当に助かるわ、ありがとう」「さすがお姉ちゃん」と立ててあげることで、自信もついてきますよ。もちろん、そんなにすぐにはお姉ちゃんらしくはなれません。しばらく変化は感じられないと思います。

それでも、根気強く「お姉ちゃんがいちばんだよ」「さすがお姉ちゃん」という姿勢を続けていけば、確実に変わります。何週間も、何カ月もたったころ、「そういえば、この子もお姉ちゃんらしくなったなぁ」と実感するはずです。逆に、「お姉ちゃんだからがまんね」と言っているうちは、わがままや乱暴は止まらないのだということを、どうぞ覚えておいてください。

きょうだい関係
乱暴な子
自尊感情

Q22

# やんちゃな妹に腹を立てる上の子に何と言う?

［6才男の子、2才女の子の母］

小1の息子はとても母親思いで慎重派、それに対して娘は活発で怖いもの知らず。2人を連れて散歩や買い物へ行くとき、娘は興味を引くものを見つけると、つないでいた手をふりほどいて走りだします。車通りも多く危険なので、全力ではがいじめにして捕まえると、娘は奇声を発して大暴れし、私の顔や体をたたいたり、かみついたりしてきます。すると、今度は息子のほうが私をかばおうと、娘の頭を無理やりねじるようなことをするのです。結局、最初に暴れた娘ではなく、娘に乱暴した息子のほうをしかりつけてしまうことになります。先日も同様なことがあり、「そういうふうにやると妹の首が折れて死んじゃうんだよ」と言うと、息子はショックを受けて泣きだしました。娘の突発的な衝動をうまくしずめることができれば、こんなふうに息子をしからずにすむんですよね。何かアドバイスをお願いします。

# A お兄ちゃんとの時間を大切にしていますか？ 下の子への乱暴はヤキモチかもしれません

活発で怖いもの知らずの妹に、穏やかでやさしいお兄ちゃん。きっと、いいごきょうだいなのでしょうね。ただ、相談文を読んで少し気になることがあります。下の子の衝動性を抑えることと、上の子が下の子に乱暴しなくなることは、別の問題として考えたほうがいいということです。

2才の子というのは、突発的な行動をしてしまうものですし、このお子さんはやや衝動性の強いタイプのようです。厳しいことを言うようですが、車通りの多い場所を歩いているときに、つないだ手を振り切られてはいけません。衝動的なお子さんであればなおさら、何が何でも手を離さないとか、ベビーカーに乗せておくなどの配慮が必要です。命にかかわることです。

いちばんいいのは、突発的に走りだすと危険な場所には極力連れていかないことです。買い物はご主人のいる週末にまとめてしたり、散歩のルートを見直すようにしましょう。それは「上の子をしからない」ためではなく、「下の子をしからない」ためです。

衝動性の強い子は、さまざまな場面で「ダメ」「危ない」「これはやめな

さい」としかられます。このお子さんも、やりたいことを止められて、はがいじめにされて、暴れていますね。衝動性の強い子の場合、このような激しいしかられ方をすると、反発心や攻撃性が強くなってしまいます。衝動性は年齢が上がるにつれて落ち着いていくものですが、激しくしかられている子は、なかなか衝動を抑えられるようにならないのです。

外に出たときには、「ママはあなたが車にひかれないように、手をぎゅっとにぎっているね。スーパーにつくまで、ママといっしょに歩いていられるかな？」とやさしく穏やかに話すのです。1回や2回で聞けるようにはなりませんが、繰り返すうちにできるようになります。信じて待ってください。

## 後悔しているなら謝ってあげてください。お兄ちゃんの自尊心が保たれます

次に、上のお子さんの行動の理由を考えてみましょう。お母さんは「私をかばって」と書いていますが、上のお子さんは下の子に日ごろからヤキモチをやいているのではないでしょうか。多くの家庭では、下の子が生まれたとたん、上の子にがまんを求めるようになります。それまでひとりっ子として最優先の扱いを受けていた子が、下の子の誕生によって「二番手」に落ちるのですから、下の子にヤキモチをやくのも当然のことです。

けれど、このお子さんはきっと、普段は妹にやさしいのでしょう。それでもこういう場面になるとその思いがあふれてしまうのかもしれません。

「しかって後悔した」と思うなら、ちゃんと謝ってあげてください。できれば下の子が寝ているときや不在のときに、お菓子やジュースを間において、「あのときは、怒ってごめんね」と言ってあげるといいんです。それだけでこの子の自尊心は保たれるのです。お母さんが謝ったからといって、また妹に乱暴しようとはしませんよ。それが悪いことだということを、この子は十分わかっています。どうぞ、信じてあげてください。

きょうだい関係

勉強

Q23

# 宿題が進まず上の子がイライラ

［小1男の子、3才女の子の母］

長男は、小学校に通うようになってから、いろいろなことを面倒くさがり、うまくいかないこと、気にいらないことがあるとイライラして、どなったり、暴れたりすることが増えました。

たとえば毎日の宿題です。私が「そろそろ宿題やったら？」と言うと「わかってる！」と言うのですが、いつまでたってもやりません。結局時間がなくなり、パニックになり暴れる……という悪循環になっています。テレビの見すぎも気になります。朝1つ、夜1～2つ、曜日ごとに見る番組を決めていますが、娘の見たい番組はまたちがうのでそれも見てしまいます。

息子はきっと私に甘えたいのだと思います。でも、3才の妹が私を独占したがり、息子と2人の時間がつくれません。

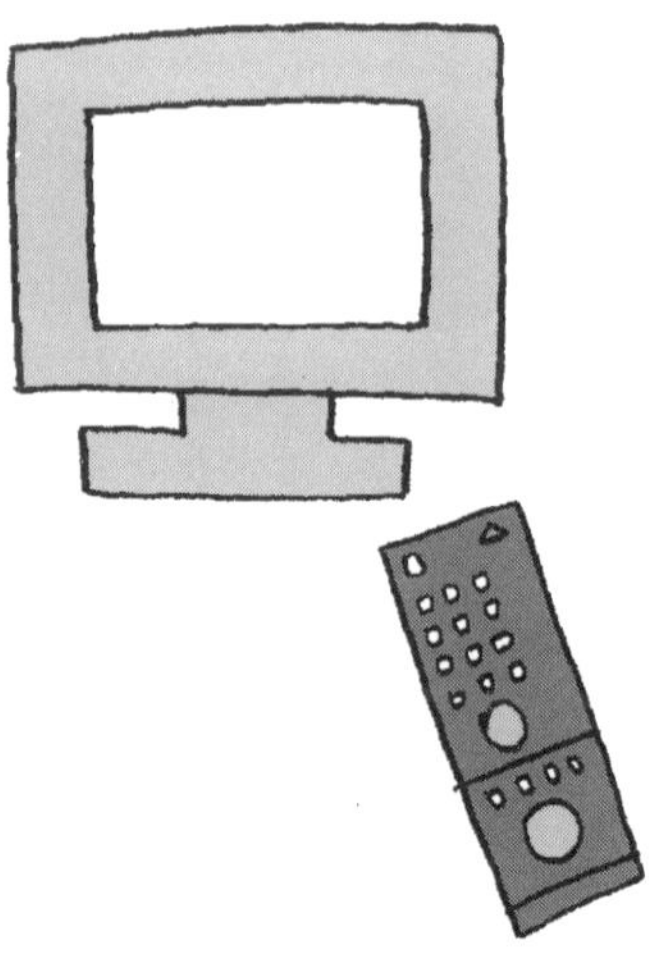

# A ひとりぼっちで勉強させるのではなく1日30分でいいから「家族いっしょ」の時間を

小学1年生の子なんて、たいていそんなものですよ。宿題が楽しくてサッサと片付けてしまう子なんて、そんなに多くはありません。この時期は、「好きではないけどいやでもないかな」くらいの気持ちで宿題ができるようにしてあげることが大事なんです。

いちばんいいのは、お母さんが隣に座って見てあげることです。お母さんは、家計簿をつけたり手紙を書いたりするのでもいいですよ。妹さんもいっしょに並んでお絵かきです。「みんなで勉強しよう」と言えば、「いやではない」くらいの気持ちで宿題にとりかかれます。

「親が手伝ってあげたら、自分でやろうという気持ちが育たないのでは？」と言う人もいますが、私はそうは思いません。妹はテレビを見ているのに、自分だけお母さんにガミガミ言われ、ひとりで机に向かわなくてはならない状況を考えてごらんなさい。「小学生になんてならなきゃよかった」「勉強なんて大嫌いだ」という気持ちになってしまいます。勉強が、無味乾燥でつまらないもの、がまんしてやらなくてはいけないものだと思い込むでしょう。

大事なことは「勉強がいやではない」という気持ちを育てることです。それさえできれば、時期がきたらひとりでも勉強します。中学生や高校生になれば、親が手伝おうにも手伝えませんから、せいぜいそれまでの話です。

テレビの見すぎも心配していらっしゃいますが、これもさっきの方法で解決できますよ。つまり、テレビを消して、みんなでボードゲームやトランプなどをするのです。小学生になれば本くらい自分で読めますが、「テレビを見てないで本でも読みなさい」と言ってもダメなんです。でも「本を読んであげるから、こっちにこない？」と聞けば、喜んでやってくるでしょう。下の子もいっしょに楽しめる本を読んであげてください。

## 家事も仕事も全部いったんやめて家族の時間を純粋に楽しむのです

下の子は、お母さんをひとり占めしたがるそうですね。でも、「3人で勉強だよ」「3人でご本を読もうね」と言えば、「お兄ちゃんだけ向こうに行って」ということはないでしょう。そのうち、お母さんと2人っきりよりも、お兄ちゃんと遊ぶことの楽しさにも気づけるでしょう。

ただ、1つだけ大事なことがあります。それは、お母さんがいやいややらないということです。心から家族の時間を楽しんでください。食器を片付けなくちゃ、お風呂に入れなくちゃなどいろいろあるでしょうけれど、それを全部あと回しにしてその時間を楽しんでください。楽しさは、その場にいるみんなが「楽しい」と思わないとつくられないものです。

お兄ちゃんは小学校に入ったばかりで、心が不安定になっているのだと思います。お母さんや妹、ときにはお父さんも加わって、家族で楽しい時間を分かち合えれば、イライラや不安定な気持ちも少しずつおさまると思います。

日本の家族は、「どこかに出かけるとき以外、家族いっしょに何かすることがほとんどない」ということが多いそうです。個人で何かすることも必要ですが、1日30分だけでも家族の時間を楽しみたいものです。

ひとりっ子

ママの気持ち

Q24

# 2人目の子どもをもつのが不安です

［2才女の子の母］

子どもが2才になり、周囲に2人目の出産や妊娠が増えてきました。私も「ひとりっ子は寂しいかな」と思いながらも、娘の世話でいっぱいいっぱいで、2人目への勇気がもてないでいます。

子どもの手が離れたら働きたいという気持ちもあるので、2人目となるとまた2～3年は家で過ごすことになります。そうなると社会から離れる時間が長くなり、再就職が難しそうだなぁと悩みます。

「では、このままひとりっ子？」と思うと、それも不安です。協調性のない子になってしまわないか、過剰な干渉や期待をしてしまわないか……。実際、娘と2人の時間が長くなると、ついイライラして怒ってしまうこともしばしばです。結局は、親として自分が未熟であるがゆえに自信がもてないということなのでしょうか。

# A 「自分の人生は自分で選びとるもの」と思いすぎてはいませんか?

現代人は、「最良の選択をして、その目標に向かって努力するのがいい人生だ」と考えている方がとても多いと感じます。

自分の人生を自分で決められることはすばらしいことですが、頭で考えすぎることで人生をかたく限定してしまったり、うまくいかないときに「あのときあんな選択をしてしまったから」と深く後悔したりはしないでしょうか。

自分に与えられた運命を受け入れて、その中で誠実に生きていけば、最終的には「これでよかったんだ」という人生になるにちがいないのです。

おそらくこの方は、子どもへの愛情がとても豊かな人なのでしょう。「2人目の子どもが生まれたら2~3年は社会復帰が遅れる」と書いていますね。社会復帰よりも子どものそばにいることを選ぼうと、いまから決めているのです。であれば、仕事に復帰することが遅れたっていいではありませんか。赤ちゃんが生まれてみて、「赤ちゃんのそばにいたい」と思うのであれば、それがそのときの最良の選択です。

実際には、復帰に2~3年もかからないかもしれないし、復帰が遅れたことで思わぬ出会いがあるかもしれません。

## ひとりっ子には協調性がない、なんてウソですよ。母親との関係が何より大事です

もしも「2人目は産まない」という選択をしたとしても、それはそれでいいと思いますよ。「ひとりっ子には協調性がない」なんて、そんなことはありません。仲間との協調性は幼稚園や保育園で十分身につきますし、それ以前の時期は、お母さんとの間で協調性を育てることが何よりも大事なのです。お母さんとの間に深い信頼関係や依存関係がつくられなければ、何人きょうだいがいようと、園での集団生活を楽しく過ごすことはできないということは確かです。

協調性を育てるために親ができることは、子どもの言うことをしっかり聞いてあげることとです。子どもがしてほしいことをできるだけしてあげて、しかるときは自尊心を傷つけないように根気強く伝えるのです。

「自分が未熟だから自信がもてない」と書かれていますが、社会心理学者のエーリッヒ・フロムがこう言っていました。「人間はみな、不完全で未熟のまま死んでいく」と。自分の未熟さを自覚しているということは、それだけで価値あることだと思います。

子どもが1人でも2人でもいいんです。どうぞ、周囲の人とよい人間関係を築き、夫婦の関係を大切になさってください。よい人間関係をつくりながら生活していくことができれば、子どもの人数にかかわらず、「私の選択はまちがっていなかった」と思えることでしょう。

私たちの人生は、明日のことはわかりません。今日に最善をつくすように、どうぞ生きてください。

佐々木正美先生の

# こころの処方箋

## 「かわいくない」行動をとるときこそかわいがって

上の子がかわいいと思えないような行動をとるとき
それは「私をかわいがって！」というＳＯＳサインです。
ママは私よりも妹や弟がかわいいのだと、そう思っているのです。
わが子が喜ぶ言葉、わが子の大好きなものを知っているでしょう？
それを十分与えてください。
すっとお兄ちゃんお姉ちゃんらしくなりますよ。

Part 6

# 家族で子育て

## 夫や祖父母の愛情をいかせる人になりましょう

子育てをしているのは
母親だけでは
ないはずなのです

父親　発達障害　しかり方　自尊感情

Q25

# 父親は厳しいくらいでちょうどいい？

［小3・小1・2才・0才男の子の母］

４人の男の子がいるので、日々大変な子育てを夫婦で乗り越えています。ただ、子ども２人が小学生になったころから、夫はちょっとしたことにでもすぐ怒るようになりました。ガツンとゲンコツで殴ることもあり、見ていてかわいそうですし、怒りすぎではないかと思うこともしばしばあります。

とくに小１の次男は忘れ物が多く、２日に１回は宿題をとりに学校に戻るような子です。文房具などもすぐなくし、家の机もぐちゃぐちゃです。

最近の育児の風潮は、「子どもは怒られても伸びない。ほめて育てよう」という感じで、私自身も「そういうものか」と思っていたのですが、だからといって「子どもをしかれない父親」というのもどうなのか……と感じます。昔から父親というものは怖い存在で、母親とはちがう役割があるといわれますが、そう割り切っていいのでしょうか。

# A 父親でも母親でもしかりすぎて子どもの自尊心を傷つけてはいけません

「しかれない父親」＝「だらしない」「育児から逃げている」という言葉のイメージがあるのかもしれませんね。でも、しからないことが育児から逃げることだとは思いません。私も「父親」ですが、子どもをしかった記憶はありません。ただ、息子のうちの1人が、大人になってから「僕はお父さんに2回しかられたことがある」と言いましたから、そのくらいはあったのでしょう。

もちろん、親が子どもに教えなくてはいけないことはあります。でもそれは、語気を荒らげて厳しい口調で言うべきことではありません。「こうしなくちゃいけないよ」「これはいけなかったね」と言うことは必要ですが、それも多すぎてはいけません。あれこれ言われていると、何が本当に大事なことかがわからなくなってしまいます。

子どものしつけでもっとも重要なことは、自尊心を傷つけないことです。自尊心を傷つけられた子は、卑屈になったり意地悪になったりします。とくに親からの暴力や、「おまえなんていなくていい」という暴言は、子どもの自尊心を著しく傷つけます。また、力で押さえつけられると反発心が生まれますし、自分を守ろうという気持ちが働くために、どんなに正しいことでも素直に聞けなくなります。穏やかに、気持ちを尊重するように言われたほうが、安心して聞けるのです。

## 人一倍手のかかる子には きょうだいの中でいちばんに手をかけてください

この方の次男は、忘れ物が多かったり、片付けられない子なのですね。もしかしたらＡＤＨＤ（注意欠陥多動性障害）の傾向が多少あるのかもしれません。こういう子は、いくつものことを同時に考えることが苦手です。「学校が終わった、よし帰ろう！」と思うと、頭の中はそのことでいっぱいになり、忘れ物の確認まで気が回りません。どんなにしかられても、その瞬間は忘れるのです。本当に困っているのは、親御さんではなくこの子です。

　苦手な部分は、どうぞ大人が助けてあげてください。先生に「帰りにプリントを持ったかどうか、ひと言確認してください」と頼んでみてはいかがでしょう。親しい友だちにお願いしてもいいですね。ご家庭では、お母さんが見てあげてください。しかるのではなく、思いやりが伝わるように。

　下の子が小さいので、お母さんは本当に大変でしょう。けれど、赤ちゃんより、２才の子より、手助けが必要なのはこの子かもしれません。手のかかる子に十分手をかけてあげると、すっと育てやすい子になる瞬間がきます。必ずきますよ。

　ご主人は、カッとなると衝動を抑えられない方のようですね。こういう方の中にも、ADHDの傾向のある人が少なくありません。お父さんも幼いころ、同じように親にどなられ、たたかれていたのかもしれないと感じました。お父さんの行動を直接的に非難するのではなく、機会を見つけてこのページを読んでもらってはいかがでしょう。子育てをいっしょにがんばってくださるご主人ですから、きっと変わってくださるのではないかと思います。

父親　しつけ　しかり方

Q26

# 「ごめんなさい」が言えない息子に夫が厳しい

［3才男の子の母］

私の夫はかなり子煩悩なほうで、子育てには積極的にかかわってくれています。でも最近、夫の〝しつけ〟が少し気になっています。

人に何かをしてもらったり、物をもらったりしたときには「ありがとう」、人を痛い目にあわせたり、ルールを守れなかったりしたら「ごめんなさい」。この2つの言葉がきちんと言える人になってほしいというのは、夫婦共通の思いなのですが、息子は「ごめんなさい」がなかなか言えません。

どうして「ごめんなさい」を言わないといけないのかを説明し、息子が言うまで待つようにしてはいるのですが、大泣きしている息子に対して、夫は「ごめんなさいが言えない子とはもう遊ばないよ」「謝るまでおやつはなし」など、追いつめるような言葉を投げつけます。夫の言い分は正しいと思うのですが、少し厳しすぎるようにも思い、迷っています。

# A 家庭内で「ありがとう」「ごめんなさい」を自然に言い合える雰囲気がありますか?

「ありがとう」と「ごめんなさい」は、人間関係をつくるうえで非常に大切な言葉だと、私も思います。けれど、無理やり言わせることと、自然に素直に言えることは、少しちがうと思うのですが、いかがでしょうか。

赤ちゃんは、周囲の大人が使う言葉を聞いて、マネをして、少しずつ言葉を覚えていきますね。覚えた言葉をどんな場面でどのように使うかということもまた、家庭の中で大人の姿から学ぶのだと思います。

ご家庭の中で、お父さんとお母さんは「ごめんなさい」「ありがとう」をひんぱんに使っていますか? 「ありがとう」は言っているかもしれませんが、「ごめんなさい」のない家庭は多いものです。もしかしたら、家の中で「ごめんなさい」を口にしているのはこの子だけなのかもしれません。だとすれば、謝ることに屈辱を感じているのかもしれません。

大人でも、夫や妻や子どもに対して、謝らなくてはならない場面は必ずあります。食事の時間に遅れた、うっかり何かをこぼしてしまった、お休みの日に疲れてしまって遊びに行けなくなった……、いくらでもあるでしょう。

そんなときに、「ごめん。許してくれる?」と謝る姿を見せるのです。

謝るだけでなく、「いいよ」「もう大丈夫」と答えることも大事です。謝ることが屈辱ではないこともまた、大人が示してあげてください。

## しつけのだいご味は できるようになるのをじっと待つこと

「子どものしつけは厳しいほど効果がある」と思っている方は少なくありません。それはおそらく、その方が育ってきた家庭の文化なのでしょう。それを一概に「いい」「悪い」というつもりはないのですが、こうやって子どもの精神科の仕事をしていると「厳しいからいい子に育つ」とはいえないことがよくわかります。問題行動があって精神科を訪れる子の多くが、親から厳しく育てられた子どもだからです。逆に、やさしくされすぎて問題行動が出た子を見たことはありません。

私がしつけのキーワードとしてあげているのは、①穏やかに、②繰り返し言って聞かせて、③できるようになるまでゆっくり待ってあげる、という3つです。なかでも「できるようになるまで待つ」ことはとても重要です。「言えるまで5分待つ、10分待つ」というのではありませんよ。「5才になったら言えるようになるかな」という姿勢で待つ、ということです。ゆっくりと、

その子の心の内側で機が熟すのを待つことなのです。果物と同じですね。熟すまでじっと待つことでおいしい実が育つのです。

ご相談者の方は、お父さんと息子さんの間に上手に入れるといいですね。お父さんには「そんなにしからないであげてね」と、息子さんには「悪いって思ってるんだよね。ごめんって言えるといいね」と、両方を立てるような言い方を心がけるといいと思います。

まだたった3才です。あせって無理やり言わせる必要はありません。でも、悪いことをしたことは十分わかっているはずですよ。

父親　学校生活

Q27

# 父親の単身赴任と転校、どっちを選ぶべき？

［小1・3才女の子の母］

わが家は転勤族で、かなり短いスパンで引っ越しをしています。そのため、やっと仲よく話せる友だちができたと思うころに引っ越しになります。それでもいままではなんとか乗り越えてきましたが、長女が小学校に入学したことで「今後の引っ越しは、子どもにつらい思いをさせてしまうのでは？」と不安になっています。実際にいまも、家を行き来するような友だちがおらず（親同士が知り合いでないため、子どもが遊ぶ約束ができない状況です）、寂しい思いをさせてしまっていると思います。

学校には楽しく通っていますが、高学年になるほど友だちの輪に入るのも難しくなるのではないか、勉強についていけなくなるのではないか、親友がつくれないのではないか……と心配事ばかりが浮かんできます。主人に単身赴任してもらったほうがいいのか、よいアドバイスをお願いします。

## A 家族いっしょであることは大人が思う以上に子どもの心を安定させます

転校するか、単身赴任か、一概にどちらがいいかは言えません。この子がどんな性格の子か、転校先の学校の雰囲気はどうか、お母さんは仕事をもっているのかなど、さまざまな条件がからみ合ってくることですから。

ただ、どんなものにでも「原理原則」があります。その観点から申し上げますと、家族はできうる限り、常にいっしょであることがいいのです。

私自身、小学校時代に2回転校しました。私の家内は5回転校して6つの小学校を経験しています。ちょっとしたいじめのようなものはあったかもしれませんが、「転校したくない」とか「自分は残りたいからお父さんだけ行ってほしい」など、考えもしませんでした。確かにいまとは時代がちがい、受け入れ側の子どもたちも、入っていく子どもの姿勢もちがったと思います。けれど、家族が全員で暮らすということが、子どもにとって非常に大切な原理原則であることには、なんら変わりはないのです。

もしも子どもが高校生や大学生であるならば、父親だけ単身赴任させるのではなく、子どもが寮生活や下宿生活をするかたちで残すのがいいと思います。もちろん、子ども自身が「親といっしょにいたいから転校したい」というのであれば、そうしてかまいません。一方で、子どもが転校に対して強い不安感を抱いているなら、慎重に考えて結論を出すべきことだと思います。いずれにせよ、安易に家族をバラバラにしてはいけないと私は思います。

## 可能性を信じて広い世界に羽ばたける子は家庭にゆるぎない安心感をもつ子です

最近は海外留学する若者が減っているそうです。私は「留学しなくちゃいけない」と思っているわけではありませんが、「あの国で学びたい」と思っても踏み出せないのであれば、とても残念なことです。

見知らぬ世界に飛び立つための力は、安定した家庭の中で、親にしっかりと保護されることで身についていきます。子どもは、親への依存と反抗を繰り返しながら自立しますから、依存と反抗をしっかりと受け止めてくれる家族がいて、ある程度の期間をともに暮らさないことには、本来の意味での自立はできないのです。

私が初めて不登校の子どもと出会ったのは、いまから40年前のことでした。当時は非常に珍しく「学校恐怖症」などといわれていましたが、2人続けて船乗りの子どもでした。船乗りは単身赴任の典型的な例です。単身赴任だから不登校になるわけではありませんが、本来はいるはずの夫がいない、相談できるはずの人がいないというお母さんの不安感が、子どもの不安と無関係ではないと思っています。子どもの心の安定には、可能な限り両親がともに家にいることが必要なのではないでしょうか。

とはいえ、事情はそれぞれあります。やむを得ず単身赴任を選ぶのであれば、できるだけ父と子のやりとりをひんぱんにしてほしいと思います。電話をし、週末には帰ってきて、日々の不在を埋める努力をどうぞたくさんなさってください。

祖父母　しつけ

Q28

# ジュースやお菓子をいくらでも与える義母にイライラ

［3才女の子の母］

先日、私は高熱と全身に発疹が出る症状が1週間以上続き、近所のクリニックから、皮膚科、総合病院、大学病院と何カ所も病院へ通いました。待ち時間の長い通院に3才の娘を伴うことは難しいので、久しぶりに近所に住む義母に預かってもらいました。

それには感謝しているのですが、子育てに関する方針のちがいをあらためて実感し、イライラしてしまいました。うちでは与えていないジュースを毎回飲ませることや、ほしがるおもちゃを買い与えることなど、はたから見れば些細なことだとは思うのですが、とてもいやでした。また預けることもあると思うので、この先ずっと続いていくのかと思うと憂うつです。

娘には「おばあちゃんの家とは考え方やルールがちがう」と伝えていきたいと思っていますが、そのほかによい方法がありますか？

# A「おばあちゃんとママとではルールがちがう」ということくらい、子どもは十分わかっています

祖父母と親とでは、子どもを育てるときの思いや姿勢は確かにちがいますね。ママがダメというものでも、おばあちゃんなら買ってくれる。パパなら怒ることでも、おじいちゃんはしからない。ママにしかられると、おばあちゃんはなぐさめてくれる。……一見矛盾しているようですが、子どもが健全に育つためには両方が必要なのです。

子どもを育てる過程で、禁止したりしかったりする場面は必ずあります。それは必要なことなのですが、子どもの自尊心を傷つけるという側面があります。傷ついた自尊心を回復させるのが「いいんだよ」となぐさめてくれる祖父母の存在です。この、別な価値観をもつ存在が必要なのです。

親は（とくに日本人の親は）、子どもの「将来の幸せ」を思う気持ちが強いものです。将来のために塾に行かせようとか、しっかりしつけしようという気持ちが、他国の親に比べとても強いですね。それに対して、祖父母は「現在を幸せにしたい」と思う気持ちが強い。だから、「むし歯になるかもしれない」などと考えずにお菓子を与えてしまいます。

子どもの幸福のためには「将来」と「現在」、その両方の視点が必要です。将来の幸福を願うあまり、つい現在の幸福を犠牲にしがちな親のゆがみや偏りを、祖父母が是正してくれているのだと思ってはいかがでしょう。

## 祖父母と孫の蜜月は短い。けれどあたたかい関係はそのあとも続く

家と外ではルールがちがうということを、子どもはちゃんとわかっています。3才でもわかります。だからお母さんは「なぜジュースをいつも飲ませないのか」という自分の価値観を穏やかに伝えればいいのであって、おばあちゃんを否定したり、引き合いに出す必要はありません。もちろん、お母さんがおばあちゃんの価値観に迎合する必要もありません。

これから先も、友だちの家には友だちの家の文化があること、担任の先生が変わるたびにルールが変わること、そのひとつひとつを子どもは受け止めて成長していきます。たった1つの価値観の中で育てられるはずはないし、もしそんなことがあれば、子どもはひどく薄っぺらな人間になってしまうでしょう。

「これがこの先ずっと続いていくのかと思うと憂うつです」とありますが、そんなことはありません。祖父母と孫が親しく過ごす時間は本当に短いも

のです。子どもも甘えなくなりますし、祖父母もそれを感じとります。けれど、あたたかい関係やかわいがってもらった記憶はちゃんと残るのです。

祖父母は、親にできないことをしてくれる存在です。そしてまちがいなく、あなたのお子さんをかわいがってくれている人です。愛情を惜しげもなく与え、幸福を願っている人なのです。そんな人は、ほかにはいません。

もしもご相談者の方がお姑さんと折り合いが悪いとしても、お子さんには祖父母の愛情に触れるチャンスをつくってあげてください。

せっかく近くに住む祖父母です。その愛情をもらわないのは、本当にもったいない話です。

佐々木正美先生の

# こころの処方箋

## 身近な人と楽しい時間を分かち合う

「苦楽をともにする」という言葉がありますが
「苦しいこと」の前に「楽しいこと」を共有しなくてはいけません。
ご主人でも、ご両親でも、まずは楽しい時間を過ごしましょう。
「お母さんの好きな和菓子を買ってきましたよ」
「あなたの好きなおつまみを作ってみたよ」という時間が多いほど
子育ての大変さも分かち合うことができるのです。

Part 7

# 私が苦しい

## ママが幸福であることが
## 子どもの幸福なのです

子育てが苦痛に感じられたり
子どもを育てる自信を
なくしかけているなら

ひとり親

ママの
気持ち

Q29

# 妊娠中に他界した夫。父親の不在をどうカバーする？

［3才女の子の母］

娘を妊娠してすぐ、主人が突然他界しました。そのため、娘は父親という存在を知りません。1才前ごろから「パパは死んじゃったのよ」と話していたので、娘もそれ自体は理解しているようですが、街で家族連れを見るたびに、娘の心情を推し量る日々です。

幼稚園の送迎など、私だけではままならないため、現在は私の母が同居するかたちで3人暮らしをしています。実家をあけることができないため私の父は同居できないのですが、月に1～2回ほど数日ずつ滞在してくれ、娘はおじいちゃんにとてもなついています。

「父親にしかできないことがある」と言われますが、私は夫の不在をどのようにカバーしたらいいのでしょうか。どんな役割を果たし、どんなことに気をつけていけばいいのか教えてください。

## A 「父親にしかできないこと」などありません。お母さんが幸せであることこそ大事です

私は長年「父親」をやってきましたが、「父親にしかできないこと」など、1つも思い浮かびません。親としての役割分担はありますが、それはあくまで分担です。確かに子育ての中には「母性的なもの」と「父性的なもの」が存在すると思いますが、母親だから母性的、父親だから父性的ということではありません。両親のどちらにも、もっと言えば親でなくても、祖父母やご近所の方に協力していただいて、十分に満たすことが可能なのです。

母性的な役割というのは、親のところに帰ってくればくつろげる、安心できるというやすらぎのようなものと考えてください。これは「泣いたらおっぱい」「泣いたらおむつ」「泣いたら抱っこ」の繰り返しの中で築かれる、親子の愛着関係です。子どもの成長にはまず母性性こそが大事なのです。「自分は親に受容されているのだ」という安心感が育たないと、子どもはなかなか健全に育つことができないといわれます。母性性を発揮するのは女性のほうが得意ではありますが、男性にできないとは思いません。

一方、父性的な役割というのは何かというと、子どもの年齢相応、理解力相応に社会のルールを教えることです。友だちをいじめてはいけない、悪いことをしてはいけないというように。しかし、幼稚園や小学校は父性的な場ですから、そこで十分学べるものばかりです。

子育てにまず必要なことは、子どもをありのまま承認し受容することです。「お父さんの役割も果たさなくては」と、必要以上に子どもに厳しくなってしまうと、子育てはなかなかうまくいきません。お父さんがいないだけでなく、お母さんもいなくなってしまうからです。

## 家族連れを見てつらくなるお母さんのほうが心配。楽しい時間を過ごしていますか？

たとえば肩車やキャッチボールといった「パパとのかかわり」が不足することを悲しむ人もいますが、実際にはお父さんがいてもそういうことを一切してもらったことのない子はたくさんいます。祖父や親戚、保育園のお友だち家族など、かわりになる人はいますし、お母さんがやってあげてもいいのです。

それよりも、私が心配なのはこのお母さんの気持ちです。妊娠中にご主人を亡くされた衝撃は大きいことと思います。「街で家族連れを見るたびに、娘の心情を推し量る日々です」と書かれていますが、見るたびにつらくなっているのはお母さんなのでしょう。

それでも気持ちを立て直して「しっかりやっていこう」と思えたのであれば、もうそれで十分ですよ。何のハンディキャップもないと考えてください。ご両親の協力があるのは非常に幸運なことです。母性的な役割をしっかり果たして、わが子をありのまま受容していけばいいのです。

そしてお母さん自身、安心して声をかけ合え、つきあえるお母さん友だちがいるといいですね。お母さん自身が「楽しいなぁ。幸せだなぁ」と思える時間を増やしていってください。お母さんが幸せであることが、お子さんの幸せにつながっているのですから。

父親　しつけ　しかり方

Q30

# 離婚した夫に会ってみたいと言う息子

［小1男の子の母］

44才のシングルマザーです。6年前に元夫と別居を始め、4年前に離婚が成立、実家に戻って両親と生活しながら息子を育てています。

相談は、息子と元夫のことです。最近、息子が「お父さんってどんな人？」「お父さんに会ってみたい」と口にするようになりました。

正直なところ、私は息子を夫に会わせたくありません。元夫には精神的なDVを受け、思い出すのも苦しいのです。それに、もし元夫が息子に会ったら、私の悪口をあることないこと吹き込むことは明らかだと思います。

何冊かの育児書を読むと、「あなたにとってはいやな存在でも、子どもにとっては血のつながった父親です。あなたの一存で、息子が父親に会えないのは好ましくありません」と書かれていました。元夫がどんな人でもそうなのでしょうか。私のとるべき態度を教えてください。

# A 元夫への不信感があるうちは無理をせず「いまは会わせてあげられない」と話しましょう

離婚後の元夫婦のあり方というのは、まさに十人十色だと実感しています。定期的に面会日を決めて会わせるという人もいれば、お互いの家を自由に行き来させている人もいます。もちろん、夫に会いたくないし、子どもにも会わせたくないという方もいます。一様ではないのです。

この方は「息子を夫に会わせたくない」「会わせたら悪口を吹き込むにちがいない」と思っている。実際に悪口を言うかはわかりませんが、そのように確信するような別れ方をなさったということだと思います。

なかには「母親の一存で、子どもを父親に会わせないのはよくない」と考える専門家もいらっしゃるかもしれませんが、私はお母さんの気持ちをいちばんに考えるべきだと思っています。なぜなら、お母さんの気持ちが安定していないと、いい子育てができないからです。まずはお母さんの気持ち、次に子どもの気持ちも大いに考えていただきたい。そのうえで、会わせるか会わせないかは、お母さんがお決めになるといいのです。

元夫に子どもを2人きりで会わせる場合、「子どものためにいい会い方をしてくれているだろう」という、ある種の信頼のようなものがお母さんになければなりません。不信感があるのに会わせてしまうと、その間お母さんは疑心暗鬼になってしまいます。帰ってきた子に「お父さんとどんな話をしたの?」と聞くでしょう。子どもは幼いなりに気をつかいますから、ウソは言わないにしても、本当のことも言えなくなります。そしてお母さんの不安定な気持ちを、引き受けざるを得なくなるのです。

離婚の理由を問わず、子どもにとってお父さんもお母さんもこの世にたった1人ずつしかいないのです。その2人が、実は非常に悪い仲なのだ、憎しみ合っているのだということを、離婚してからもあえて子どもに知らせるのはよくないと思います。

## 中高生になっても「会いたい」と言うなら そのときは機会を設けましょう

それでも、お子さんが思春期や青年期に入れば会わせていいと思います。お母さんの気持ちが変わらないとしても、子ども自身が成長し、安定してきますから、父の言うことと母の言うことに矛盾があっても、自分の中で判断できるようになります。具体的には、中学2年生以降ですね。高校生くらいになればずいぶん安定していると思います。

　ですから、息子さんには「もう少し大きくなったらね」と言ってあげてください。「なぜいまはダメなの？」と聞かれたら、悪口にならないよう注意しながら、ある程度は率直に言ったほうがいいと思います。「お父さんとお母さんは、いっしょに暮らすのがつらくなってしまったの。お母さんはもうお父さんに会いたくないけれど、あなたがもう少し大きくなって、自分でしっかり考えて判断できるようになったら、お父さんと2人で会えるようにしてあげる。でもそれは、高校生くらいになってからね」というように。
　子どもは背筋を伸ばし、真剣に聞くはずです。お母さんの本当の気持ちは、どんなに幼くてもちゃんと伝わります。

Q31

# 子どもをたたく、しかりすぎる自分がイヤ

［小1・年中・2才男の子の母］

子どもをしかるとき、ついどなり散らしてしまいます。感情のコントロールがきかないときは、頬や頭をたたいたり、蹴ったりしてしまいます。そのため、普段なにげなく手を上げただけで、子どもは身を守るような姿勢をとるくせがついてしまいました。体罰だけでなく、言葉でもつらくあたってしまいます。「バカじゃないの？」とか、否定的で暴力的な言葉を使ってしま

います。

ときどき2才の三男の世話を長男と次男にさせることがあるのですが、常に命令口調になってしまいます。やさしくすることができず、悩んでいます。感情的に怒ってしまう自分がイヤです。

私も父に厳しく感情的に怒られ、体罰を与えられました。小学校のときは、いじめや盗みをし、中学生になってからは万引きや非行に走りました。

私は自分勝手で、「ごめんなさい」や「ありがとう」がなかなか言えない性格です。夫の前でも好き勝手をしてしまいます。気分のいいときにはすごくテンションが上がり、やさしい自分になれるのですが……。

長男はすぐすねてキレる子ですし、次男はすぐに人をたたきます。思いやりのもてない母が、子ども3人を普通の子に育てられるのか不安です。

## A 子どもの自尊心をこれ以上傷つけないで。同じ苦しみを与えないためにも

子どもをしかることは悪いことではありません。けれど、自尊心を傷つけるようなしかり方はいけません。たたかれる、足蹴にされる、傷つくような言葉でなじられる。もし自分がそのようなことを日々された場合、自尊心が

どれだけ傷つくかを考えてみてください。人格そのものを傷つけられ、のちのちまで尾を引くことでしょう。このお母さん自身、幼いころにこのような思いをされて育ったのではないかと思います。「いじめや万引きをした」と書いていますが、非行や犯罪は、自尊心を失った人がしてしまう行為です。私たちが犯罪行為をしないのは、「私はそんなことをする人間じゃない」という誇りや自尊心があるからなのです。

子どもの心が健全に育つために、自尊心を豊かに育むことがいかに大切かを、私たちはもっと考える必要があります。自尊心とは「勉強ができる」「スポーツが得意」だから育つものではないのです。そのような自尊心は、表面的なものにすぎません。本当の自尊心は、親や周囲の人に「あなたは価値のある人だ」と認められ、大切にされるからこそ育つものです。

## 「ありがとう」「ごめんなさい」を言葉にしていくことで何かが変わります

子どもの自尊心を守るためにも、感情的にしかってしまう習慣は改めなくてはいけません。怒りっぽい人、感情的になりがちな人には、孤独な人が多いものです。おそらくこの方も、ご主人の協力が得られないまま、ひとりで必死に子育てをなさってきたのでしょう。こういう方には、日常的に自分の苦しさを伝える相手が必要です。いちばんいいのはご主人です。つらい気持ちやいまの苦しみを聞いてもらい、ご主人の仕事がお休みの日には、ほんの少しでもご主人に子どものことをまかせるようになさるといいと思います。ご主人以外の人でも、相談できる方、いっしょに穏やかで楽しい時間を過ごせる方がいるといいですね。

そうなるためにも、このお母さんには「ありがとう」と「ごめんなさい」という2つの言葉を言えるようになってほしいと思います。

「ありがとう」と「ごめんなさい」は、人と人との信頼を築くかけがえのない言葉です。家庭の中には、1日に何度もその言葉を口に出す場面があるはずです。子どもに対しても、ご主人に対しても、この言葉を言えるようになってください。それがないと、親子の関係も夫婦の関係も、けっしていいかたちにはなりませんよ。

子どもに何か頼んだとき、下の子の面倒を見てもらったとき、必ず「ありがとう。助かったよ」と言ってください。子どもは「自分は役に立つ人間なのだ」と自尊心を高めることができるでしょう。お母さんがしかりすぎてしまったとき、ひどい言葉を口にしたときには、「さっきはごめんなさい。ママ、イライラしてたんだ」と謝ってください。子どもの自尊心は、それで守られるのです。

## 最初は口先だけでいいのです。感謝や思いやる気持ちはゆっくり成熟します

「ありがとう」や「ごめんなさい」は「自然に口から出るもの」と思っていらっしゃるかもしれませんが、言い慣れていない人には無理なのです。だからちゃんと意識して言わなくてはいけません。「今日は1日に何回言えたか」を、「正」の字をつけてメモしていくくらいの努力が必要です。

最初は、心がこもっていなくてもいいんです。口先だけでも仕方がない。それでも、何度も口にしていくことで言葉の内側にある「感謝の心」「相手を尊重する心」が育ってきます。「ありがとう」と言われた子どものうれしそうな顔や、「ごめんなさい」と言われた子どものホッとした顔を見ているうちに、お母さんとしての心が必ず成熟していくのです。

昨日より今日、今日より明日、1回でも多く言おうと考えてください。言葉を追いかけるようにして、行動が変化していきます。たたいたり、感情的にどなり散らすことは、着実に減っていきますよ。

どうぞ、努力してください。言えない言葉を言う努力を始めてください。わざわざ私に相談してきたのです。変わるのは、いまこのときからです。

Column

# 与えられた環境の中で精いっぱい生きるということ

現代の日本人は、自分の人生を計画的に、思いどおりにコントロールしようという思いが強くなったと感じます。最良の選択をし、幸福をつかもうとするのは立派なことかもしれません。でも私は貧しい時代に育ちましたから、そのとき与えられた環境に合わせて生き抜いていく、適応するために努力する、人生とはそういうものでした。

私は戦後の混乱をひきずった貧しさの中で高校を卒業しました。大学に進学したくてもお金などありませんでしたから、東京に出て信用金庫で働き、お金が貯まったら大学に進学しようと考えたのです。貧しい環境に生まれたことを呪ったりはしませんでしたし、「何が何でも医者になる」とか「お金が貯まらなかったらどうしよう」とも考えませんでした。それでも職場の人に支えられて6年近く働き、お金を貯めて大学の医学部に進学しました。そのあとも「授業料の滞納者」でよく名前がはり出されましたが（笑）なんとか卒業しました。

その後、いまに至るまでの道筋もすべて、縁あってのものだったと思います。見通しなど立たず、そのときの環境や条件の中で、できることをコツコツやってきた結果、私のいまがあるのです。

しかり方　ママの気持ち　親への葛藤

Q32

# 親に愛されなかった私が愛情を注げる？

［3才男の子の母（妊娠7カ月）］

私は現在妊娠7カ月です。3才になる息子とお腹の子ども、2人平等に愛情を注げるか心配です。

私は幼いころから母に「おまえが女の子だったから、みんながっかりした」と聞かされました。弟が生まれたとき、父はとても喜んだそうです。子どものころ、毎晩私は小さくなって、自分と弟はどうしてこんなにちがうんだろうと思っていました。祖父母は私のことをかわいがってくれましたが、子ども心に「おじいちゃんたちだって、弟がいればそれでいいと思っているんだ」と気がついていました。

父は、育児については完全に母まかせで、どこかに連れていってもらったことも、「最近どうだ？」というようなひと言もかけてもらった覚えもありません。いまでも妊婦の横で平気でタバコを吸うような人です。

母は私に対して「言いたいことは何を言ってもいい」と思っているようで、心ない言葉に傷つけられてきました。いまでも母とはお風呂に入りたくありません。体のことをいろいろ言われるからです。

こんな私ですから、２人目を生んだらどちらかに私のような思いをさせてしまうかもしれません。私のように自分を肯定できない子になってほしくはないのです。

主人は私の親の態度に気がついているようで、何かあったときに「おまえは親にかわいがってもらってへんのやろ？」と意地悪なことを言います。お姑さんに何か言われるのもいやなので、相談できません。

ひとりで考えると、夜も眠れません。精神科に行こうかとも思うのですが、気休めだけで「親はどの子もかわいいものだ」「平等にできるよ」などと言ってもらいたくはないのです。

## A

## 運命とは不公平なものですが負けてはいけません。決意しましょう、「両親のようにはならない」と

最近、この方と似た悩みをもつ方が私のところに相談に見えました。40代の女性なのですが、「いちばんかわいがられたのは姉で、次は妹で、私は少しもかわいがってもらった記憶がない」と言うのです。実際に親がかわいがっていなかったかどうかはわかりません。けれど、わが子にそう感じさせて

しまう親は確かに存在します。

その方はこう言っていました。「親から大切にされた子は、自分を大切にできる。自分を大切だと思うから友人を大切にできる。私にはそれができないのです」と。

私はこの方にこんなことを話しました。

「人にはそれぞれ、もって生まれたものがあります。容姿、体形、健康状態、経済的な豊かさ、もっといえば生まれる国も、平和の有無も。人はみな千差万別で不公平で、私たちは選ぶことができません。

与えられなかったものがたとえどんなに大きいとしても、そこに心を奪われてばかりでは前に進むことができません。大切なことは、恵まれなかったものを自分でどう補っていくのか、なのです」と。

## どんなに望んでも与えられなかった愛に見切りをつけて先に進んでいく

どんなに望んだとしても、この方たちのご両親は、幼いころに不足したものをいまさら与えてくれることはないでしょう。けれど、かわりにいま、誰かから与えてもらうことはできるのです。幼いころのような無条件な愛情ではありませんが、何かを与えることによって、何かを与えてもらい、心が満たされることはできるのです。

私は、相談に来た方にこう言いました。「自分の得意なもので人と交わってください。手芸が好きなら手芸、歌が好きならコーラス、山歩きのサークルや料理教室でもいいでしょう。そういった会に参加なさって、人との交わりを深めましょう。その中で誰かの役に立ったり、感謝されたり、なにげない言葉を交わしたりする経験を積み重ねていくことできっと満たされていきますよ」と。

最初は変に気づかいしなくてはいけなくて、「ひとりのほうがよかった」と思うかもしれません。けれどそれは、相手からも気づかわれているということです。少し時間がたつと、そのあたたかみがわかってきます。人間は人間関係を通してしか、人間関係の不足を解決できません。そういうものなのです。

このご相談者の方は、もうすぐ赤ちゃんが生まれるということなので、育児サークルなどに参加されるといいと思います。地域が主催する育児講座や、「赤ちゃん広場」のような場にも積極的に通うといいですね。

## 両親とは距離をおいてもいいのです。けれどいつか理解できるといいですね

また、家族の中でいい人間関係を築くことも心がけてみましょう。文面を

見ると、ご主人はこの方が望むような愛情ややさしさを与えてはくださらないようです。であればなおさら、まずは「自分が相手に喜びを与えるのだ」と思ってください。わが子に対しても同じです。相手に喜びを与えるうちに、いつかもっと大きな喜びが自分のところに返ってくるものです。

特別なことはいりません。いちばんいいのは、家族の好きな食事を用意することです。高価な食材やぜいたくなメニューという意味ではなく、「あなたの好きな◯◯を作ったよ」と、それがいいのです。

とはいえ、短期間で成果があがるというものでもありません。何週間も何カ月も何年もかかっていい方向に向かうものです。昨日より今日、今日より明日という気持ちで続けていけば、あるとき穏やかな心を取り戻していることに気がつくでしょう。

そしていまは、「子どもが2人になるとどちらかを愛せなくなるなんて、そんなことはない」と、そうしっかり思ってください。あなたとご両親はちがうのです。しっかりと思うのです。そうすればきっと大丈夫です。

ご両親とは、無理につきあう必要はありません。距離をおくのもいい方法です。ただいつか、「彼らもきっと哀れな育ちをしたのだ」と思ってあげられるといいですね。急ぐ必要はありませんよ。亡くなったあとだってかまいません。それでも、立派だと私は思います。

佐々木正美先生の

# こころの処方箋

目の前の人を幸せにすることで、
幸せになりましょう

ママが幸せでないと、子どもは幸せにはなれません。
でもママの幸せは、子どもや夫を幸せにすることでしか生まれないのです。
人間関係でつくられた心の傷は人間関係でしか癒やせません。
わが子をたくさん喜ばせ、その笑顔を見てお母さんも笑うのです。
その積み重ねの先に「幸せだなぁ」と思える時間が待っています。

あとがき

# あなたはいい子になる。だってお父さんとお母さんの子どもだから

主婦の友社の『Ｃｏｍｏ』という雑誌に悩み相談の連載を始めて、もうずいぶんになります。途中で休んだ時期もありましたが、それでも10年にもなるそうです。

たくさんの悩みを拝見してきましたが、読むたびに、みなさんが大きな不安を抱えていることを感じます。この子はこのままでいいのだろうか。私の育て方が悪かったのか。親は何をしたらいいのか……と。

そんなときには思ってください。「この子は大丈夫だ」と。「この子はいい子だ。だって私の子どもだから。夫の子どもだから。2人のいいところを受け継いでいるんだから。だからきっといい子に育つ」そう思っているといいと思います。

もしも子どもに「ぼくのいいところは何？」「私はなんでこんなに○○ができないの？」と言われたときも、こう言ってあげるといいんです。「あんたはお父さんの子だからね、こんないいところをもらっているよ」「お母さんの子だから、○○がニガテなのかもしれないね。でも、△△は上手だよね。お母さんの子だからね」

それでいいのです。そう言ってもらえるだけで、子どもは自分が愛されていることを知りますし、大丈夫なんだと信じることができます。それほどまでに、親の存在は大きいのです。

そのためには、お母さんがまず自分自身を好きでいてください。そしてご主人のことも好きでいてください。この土台さえあれば、心配はいりません。

あとは待つだけです。その子の中にある小さな種が、葉を茂らせ、つぼみをもち、大きな花を開かせるのを。

大丈夫ですよ。あなたのお子さんです。必ずいい子になります。

２０１４年４月

佐々木正美

著者

佐々木正美　ささき・まさみ

1935年、群馬県前橋市に生まれ、幼少期を東京で過ごす。第二次世界大戦中に滋賀の農村に疎開し、小３から高３までを過ごす。高校卒業後単身上京し、信用金庫などで６年間働いたのち、新潟大学医学部医学科に編入学し66年卒業。その後、東京大学で精神医学を学び、同愛記念病院に勤務。ブリティッシュ・コロンビア大学に留学して児童精神医学の臨床訓練を受け、帰国後は国立秩父学園、東京大学医学部精神科に勤務後、小児療育相談センター（横浜市）などで児童臨床医として力をそそぐ。その間に、東京大学医学部精神科講師、東京女子医科大学小児科講師、ノースカロライナ大学非常勤教授などを務め、現在川崎医療福祉大学特任教授、横浜市総合リハビリテーションセンター参与。長年にわたり、自閉症の人とその家族を支援する療育方法の実践と普及に努めてきた功績で、2001年「糸賀一雄記念賞」、04年「保健文化賞」「朝日社会福祉賞」、2010年「エリック・ショプラー生涯（ライフタイム）業績賞」受賞。主な著書に『子どもへのまなざし』（福音館書店）、『「育てにくい子」と感じたときに読む本』（主婦の友社）、『アスペルガーを生きる子どもたちへ』（日本評論社）など多数。

# 花《はな》咲《さ》く日《ひ》を楽《たの》しみに

## 子《こ》育《そだ》ての悩《なや》みが消《き》える32の答《こた》え

著者　佐《さ》々《さ》木《き》正《まさ》美《み》
発行者　荻野善之
発行所　株式会社主婦の友社
〒101-8911
東京都千代田区神田駿河台2-9
電話03-5280-7537（編集）
03-5280-7551（販売）
印刷所　共同印刷株式会社


ISBN978-4-07-291747-3



■乱丁本、落丁本はおとりかえします。
お買い求めの書店か、主婦の友社資材刊行課（電話03-5280-7590）にご連絡ください。
■内容に関するお問い合わせは、主婦の友社（電話03-5280-7537）まで。
■主婦の友社が発行する書籍・ムックのご注文、雑誌の定期購読のお申し込みは、
お近くの書店か主婦の友社コールセンター（電話0120-916-892）まで。
＊お問い合わせ受付時間 月～金（祝日を除く） 9:30～17:30
主婦の友社ホームページ　http://www.shufunotomo.co.jp/

せ-052001